K.G. りぶれっと No.13

それぞれの9条

長岡 徹・永田秀樹・松井幸夫 ［著］

目　次

〈はじめに〉憲法9条をめぐる情勢と「関学9条の会」

関西学院大学法学部教授
「関学9条の会」世話人代表
長岡　徹

一　憲法9条の危機

二〇〇五年十月二十八日、自由民主党が「新憲法草案」を発表し、その後を追うようにして十月三十一日には民主党が「憲法提言」を発表しました。国会の八割以上の議席を占める二大政党が改憲案や改憲構想を提示したことにより、改憲をめぐる動きは、これまでのような一般的なキャンペーンの段階から、具体的な改憲案をめぐって議論がたたかわされる段階に入ってきました。

自民党「新憲法草案」

とくに、結党以来「自主憲法制定」を党の使命としてきた自民党の場合には、十一月二十二日に開催された立党五十周年記念党大会で「新憲法草案」が採択されました。これまでは、自民党政務調査会内の一機関であった憲法調査会やその下にある憲法改正案起草委員会で改憲案が検討されていたのですが、二〇〇四年十二月、小泉総裁を本部長とし、武部幹事長を本部長代理とする「新憲法制定推進本部」を発足させ、その下に森前首相を委員長とする「新憲法起草委員会」を設置して、まさに全党を挙げての体制で、改憲案作成に取り組んだのでした。自民党が政党として正式に条文の体裁をとった改憲案を提起したのは、自民党五十年の歴史の中で今回が初めてです。

自民党の改憲案についての詳しい検討は本書松井論文にゆずりますが、改憲案の中心が、やはり憲法9条にあることは明らかです。自衛隊を本格的な軍隊に改変するために、現行の憲法9条をつぎの三点で放棄する内容になっています。第一に、憲法第二章のタイトルを「戦争の放棄」から「安全保障」に変更する。これは、徳岡先生の言葉を借りれば「『戦争放棄』の放棄」です。第二に、自衛隊を自衛軍とする。「軍」となるということは、「日本の自衛のための必要最小限度の実力部隊」という自衛隊の編成・装備に対して課せられてきた憲法上の制約を放棄するということです。第三に、自衛軍は、「我が国の平和と独立並びに国及び国民の安全を確保する」だけでなく、「国際社会の平和と安全を確保するために国際的に協調して行われる活動」を行うことになっています。つまり、アメリカと協調して海外で武力行使をすることを認めるというのです。これは、これまで自衛隊の行動に課せられてきた「日本の自衛＝専守防衛」という限定枠組みを放棄するということです。

最後の点に関連して注意してほしいことがあります。それは、自民党の改憲案は自衛軍の行動を個別的自衛にはもちろん、集団的自衛にも限定していないということです。アメリカのブッシュ政権は、フセインのように大量破壊兵器を製造する能力を持ち、アメリカに敵対する国に対しては先制攻撃が許されると主張しています。そのようなアメリカの先制攻撃に参戦するためには、「集団的自衛」という限定も、邪魔になりかねないのです。

民主党「憲法提言」

では、民主党の「憲法提言」はどうでしょうか。たしかに、民主党は「憲法の根本規範としての『平和主義』」は「深く国民生活に根付いており、平和国家日本の形を国民及び海外に表明するものとして今後も引き継ぐべきである」といいます。しかし、つぎの二点が問題です。

第一に、具体的には「国連憲章上の『制約された自衛権』」を憲法に明記するといいます。国連憲章は自衛権の発動要件を制約していますが、同時に個別的自衛権だけでなく集団的自衛権も国家固有の権利であるとしていますので、民主党の「提言」は集団的自衛権を容認する方向にあると考えてよいと思います。「提言」は自衛隊を自衛隊のままにとどめ置くのか、それとも軍隊と位置づけるのかを明言していませんが、それは、集団的自衛権を認めるかどうかの議論が民主党の中で決着がついていないことの反映でしょう。

第二に、「提言」は国連の集団安全保障活動への参加を憲法に明確に位置づけるといいます。日本の国民がコントロールすることのできない国連について憲法の中で言及して、日本の国の手足を縛ってしまうことは、誰が考えても問題でしょう。だとするならば、憲法の文言としては自民党案と同じように「国際社会の平和と安全を確保するために国際的に協調して行われる活動」ということになってしまうのではないでしょうか。また、国連の集団的安全保障活動には、湾岸戦争時の多国籍軍による武力行使も含まれます（イラク戦争時の米英軍による武力行使も含むという考え方もあります）。「提言」は「戦後日本が培ってきた平和主義の考えに徹する」といいますが、その実、日本の軍事組織による海外での武力行使に大きく道を開くものになっています。

改憲論の焦点

このように今日提起されている改憲論は、9条を改定して日本の軍事力の海外展開、つまり海外での軍事力行使を可能にしようとするものです。9条改憲を主張する人々の意図や目的は様々で、単純化してはならないでしょう。しかし、九〇年代以降改憲論が強まってきている背景には、湾岸戦争・アフガニスタン戦争・イラク戦争に積極的にかかわれなかったこと、その上アメリカから〝show the flag〟、〝boots on the ground〟と責め立てられなければならなかったことに対する改憲派なりの「反省」があると見ています。政府がこれまで憲法9条の解釈として示してきた「日本の自衛のための必要最小限度の実力行使のみが許される」という枠組みのために、そうだったのです。だからこそ、9条の制約を取り払い、軍事力の行使という国家の政策手段を手にして、アメリカの要請に応え、アメリカとともに世界秩序維持のグランド・プレーヤーにならなければならない。二十一世紀の9条改憲論は、そう考えているように思えます。

憲法9条の改定に反対する……そういうと、「また、非武装平和主義の理想論か」、「そうは言っても自衛隊は必要だ」と反応する人が少なくないかもしれません。しかし、今日の9条の危機の焦点はそこにあるのではありません。日本の軍事力が、日本の自衛を越えて海外で武力を行使する道を開くのか、とりわけアメリカ主導の戦争に参戦する道を開くのかどうかにあるのだと思います。

二 「関学9条の会」設立の経緯

大江健三郎氏らの「九条の会」の提起を受けて、「関学にも9条の会をつくろう」という声は早くからありました。しかし、実際にはなかなか足を踏み出せないでいました。

きっかけとなったのは、二〇〇五年五月二十日、「九条の会」のお一人である憲法研究者の奥平康弘先生を関西学院大学にお招きして、「最近の憲法をめぐる諸問題」と題して講演していただいたことでした。お忙しい時間の合間を縫って一時間半ほどお話しいただけることになったと、本学の望月康恵先生から連絡を頂いたのが講演の五日ほど前でした。準備時間がありませんでしたので、せっかくの奥平先生のご講演なのですが、法学部と司法研究科を中心とした五十名弱の小さな集まりでした。奥平先生には、憲法９条をめぐる情勢と「九条の会」設立の経緯、「九条の会」に対する思いを熱く語っていただきました。

……「全国どこへ行っても、主催者の予想を超える人たちが集まり、熱気があふれている」、「ぼくたちはひょっとして、水脈を掘り当てたのかもしれない。９条を変えてはいけないという思いをもつ人々の大きな水脈があるのかもしれない」。こうした集会に集まってきた人たちの９条に対する思いは一つではない。自衛隊は違憲だと考える人も、自衛隊は違憲ではないと考える人もいるだろう。だけれども、みんなそれぞれの理由で、それぞれの根拠から、憲法９条を変えることに危惧を抱き、反対しているのだ。「九条の会」は、今現に問題になっている９条改正案にいろいろな立場から反対する人たちと、手を携えることができるのではないか……。

「９条は、今は現実とは異なる理想かもしれない。しかし、理想の現実化をあきらめてはいけない。想像力が大切だ」。奥平先生は、講演をそのような言葉で結ばれました。

関学で憲法を専攻している教員三名の連名で法学部と司法研究科の教員に呼びかけ、二〇〇五年六月二十二日に「『九条の会』を考える会」を開催。十名を超える教員が集まり、秋に「関学９条の会」を設立する基本方針を議論しました。十二月九日のシンポジウムの計画が固まった段階で、法学部・司法研究科の賛同者二十二名の連名で、学内全教員に「九条の会」アピールへの賛同と「関学9条の会」への参加を呼びかけ、「関学9条の会」を設立することとなったのです。

三　「関学9条の会」の趣旨

憲法9条の改定に反対するという一点で、力をあわせる。それが「関学9条の会」の趣旨です。ですから、設立シンポジウムのテーマは「それぞれの9条」。パネラーにそれぞれの立場から憲法9条の必要性を語ってもらおうという企画でした。

各種の世論調査によると、自衛隊が必要だという世論は圧倒的です。他方、憲法9条も必要だという意見も、過半数を割り込むことはほとんどありません。9条を支持しているのは、非武装中立論者だけではないのです。自衛隊が必要だと考える人にも、日米安保条約に賛同する人にも、国連PKOへの積極的参加を考えている人にも、アメリカ主導の戦争にバイプレイヤーとして参戦する道を開く9条改憲には反対している多くの人々がいるはずです。

また、9条は戦後世界に対する一種の国際公約でもあります。日本の軍事力が朝鮮半島や中国大陸に及ぶことは二度とないという前提で戦後の東アジアの秩序が形成されてきたのですから、その変更は周辺諸国を刺激せざるをえません。「靖国参拝問題」で中国・韓国との政治関係が冷え切っている中で、両国との緊張関係をいたずらに高める9条改憲には反対だ、という世論も大きいはずです。

9条の理想を語るだけでは、9条を守ることはできないと思います。おそらくもはや、そのような状況ではない。「9条は必要だ」と人々が考える理由は、これまでの「護憲派」が予想する以上に多様です。

「9条を変えてはならない」という多くの人々の様々な声を、目に見える形にしていこう。いままでの「護憲論」の枠を超えて、憲法9条の改定に反対するという一点で協力しよう。「関学9条の会」は、そのように考えています。

西宮海軍航空隊練兵場・地下壕跡に建つ記念碑
（関西学院大学上ケ原キャンパス内）

〈シンポジウム〉それぞれの9条

二〇〇五年十二月九日　関西学院大学西宮上ケ原キャンパス
コーディネーター＝永田秀樹
パネリスト＝村尾信尚／辻　学／徳岡宏一朗

永田秀樹（司法研究科）　それではこれから一時間半弱くらいの時間を使いましてシンポジウム「それぞれの9条」をはじめたいと思います。私は司会役ということでありますが、先ほど紹介がありましたように司法研究科で憲法を教えております永田と申します。どうぞよろしくお願いいたします。

はじめに口火を切る意味で、憲法を研究している立場からちょっとだけお話をさせていただきます。憲法学の方では、自衛隊は憲法9条と衝突・矛盾する、従って自衛隊は憲法違反であるという立場をとってきておりまして、現在でも自衛隊は憲法9条に違反するというのが通説、あるいは支配的な学説になっております。しかし国民の中では、かなり多くの人が、矛盾はあるかもしれないけれども、自衛隊も9条も両方必要だという立場を取ってきました。将来はひょっとすると大きな矛盾が生じて困ったことになるかもしれないが、当面は、9条は捨てたくはないし、自衛隊も維持し続けたいという気持ちの人が、かなり多かったのではないかと思っております。他方で自民党は、皆さんご承知のように、一九五五年の結党以来、9条の改正を綱領的文書に掲げていまして、9条なしの軍隊を目指してきました。この綱引きの中で日本の政府は、9条1項は侵略戦争を否定していて、9条2項が禁止しているのは侵略のための軍隊であって、自衛のための必要最小限度の実力部隊を持つことは9条2項は禁止していない、との解釈をとってきました。いま、自民党の新憲法草案で問題になっているのは、特に9条2項を維持するかどうかということですけれども、そこで問題となっているのは、憲法学界での通説的な解釈における9条2項、すなわち自衛隊が9条に違反するかどうかという問題ではなくて、政府の解釈によるところの9条2項、これが問題になっている。すなわち侵略のための軍隊が禁止されているという、歯止めとしての9条2項です。現在の状態において9条2項を取っ払うというのは、そのための歯止めを取ってしまう、すなわち政府が言ってきた9条2項があるために侵略のための軍隊は日本は持つことができないといっていたところが取っ払われるのだ、ということをしっかり理解する必要があるのではないかと思っています。言い換えますと、憲法改正すなわち9条2項を放棄するということは、「9条も自衛隊も」という、あいまいな、ある意味では欲張りな立場は許さない、9条は捨てよ、自衛隊・軍を9条のくびきから解放せよ、ということを私たちに迫っているのだというふうに思います。そういうわけですから、9条も自衛隊も必要だと思っている人は、ぜひとも9条の改正には反対していただきたいと思います。

今日は、それぞれの思いで9条の必要性をみんなで考えていこうということですので、あとからできるだけたくさんの人にその思いを語っていただきたいと思いますけれども、とりあえずは三人のパネリストの方からお話を伺いたいと思います。お一人十五分ぐらいで申し訳ありませんけれども、お話いただければと思っています。最初に村尾先生お願いいいたします。

「私は武装護憲論です」……………………村尾信尚（むらお・のぶたか）関西学院大学教授

村尾信尚（東京オフィス）　私はそもそも、憲法の専門家でも何でもありませんし、実は大蔵省・財務省の役人を二十四年間やっていたものですから、全くこの問題については門外漢であります。ただ役人というのは、足して二で割る傾向が多くて、あまり百か零かという発想はいたしません。非常に現実的・リアルに考えて物事を決めていくというのが役人の習性だと思いますが、私は9条の問題を考えるときにいままでの役人感覚からしても、ちょっとこれはあぶないなという思いがあって、先ほど紹介がありましたけれども、テレビで武装護憲論をやったら、案の定、自民党、民主党の若手の国会議員から散々やっつけられました。いろんな批判があることも承知していますが、あえて、私の意見を聞いていただければと思います。ずっと予算だとかをやっておりましたので数字を皆さん方にご紹介をしながら、わたしの考えを述べさせてもらいたいと思います。

戦後世界の武力紛争に一度も巻き込まれなかった

黒板に書きますので恐縮ですが、これはまず、平成十七年の防衛白書の資料1に載っている数字です。資料1は何が書いてあるかというと、第二次世界大戦後の武力紛争、これがずっと防衛白書に書いてあります。第二次世界大戦後に、アジアで二十八回武力紛争がありました。中東は二十四回、アフリカが二十一回です。それからヨーロッパですが、十三回。それから米州、これは南アメリカ中心ですが、そこで十一回。計、戦後九十七回武力紛争がありました。武力紛争が一回あると二つ以上の国、地域またはグループが戦っているわけですから、二〇〇以上の団体といいますか、グループが闘っていることになります。いま世界に何カ国あるかというと、国連に加盟している国は約一九〇カ国あります。そうすると、現在国連に加盟している一九〇カ国、一方、非常にラフな言い方ですけれども、九十七地域で大体二〇〇弱ぐらいのところがいろいろいざこざをやってきた。こういう数字を見て私が思うのは、日本はこの中に入っていません。当然のことながら。で、「当然のことながら」というと、ほとんどの人がそれは９条があるからだよという反応をする人が、結構います。私はもうこれだけで、９条の政策評価はなされていると思いますが、それほどやはり私は、九十七回という武力紛争の中でも一回も巻き込まれなかった大きな原因の一つとしてやはり憲法９条があると思います。で、もし憲法９条以外の要因を挙げるのだったら、是非それをきかせていただきたいというのが、まず私の第一点の論点であります。

日本に必要最低限の自衛力を持つなという国はない

村尾信尚氏

つぎの論点は、イギリスのミリタリーバランスの数字です。これも防衛白書の資料26にこの数字が書いてありますが、二〇〇三年度の主要先進国の防衛費です。イギリスのミリタリーバランスの数字を見ますと、アメリカが四、〇四九億ドル。二番目に大きいのはロシアで、六五二億ドル。三番目が中国で、五五九億ドル。四番目はフランス、四五七億ドル。五番目が日本で四二八億ドル。つぎがイギリスで同額の四二八億ドル。日本のほうが若干多いです。ドイツは三五一億ドルです。よく本当に日本は大丈夫なのかと、９条で、自衛隊がなくて、と言いますね。９条をいう人は大体の人が、９条＝護憲＝社民党＝非武装中立＝非現実的＝魅力ないなということで、みんなネガティブで見向きもしないというのが、私がいろいろなところでお話しているときの感想なのですが、私はこの数字を見て特に印象的だったのは、この九月のことです。いま中国がものすごい勢いで防衛費を伸ばしています。で、これをアメリカが批判した。こんなに伸ばしていいのかと。透明性をもっと確保しろ、というようなことをいったときに、中国はなんと言ったか。いや、私のところの防衛費は、日本の防衛予算の約六割なんです、というようなことを堂々と世界に向けて発表した。中国は当然、日本に憲法9条があることも知っています。そういう中国が、日本の巨額の防衛予算四・八兆円、今年度予算で防衛予算が計上されていますが、それをもう認めている。9条があるにもかかわらず。それを私は新聞で見たときに、あ、そうなのかと、あの中国でも憲法9条があったって、自衛のための軍隊を認めているのだと、私はそう捉えたわけです。だったら、ちゃんと、やはりテポドンもある、いろいろなところから何かが飛んでくるかもしれない、そのときに非武装中立というのは私の感覚から言っても、ちょっとリアリスティックではない。しかも、諸外国どの国も、日本に9条があるから軍隊を持つなとは一国もいっていない、少なくとも私の知る限り。そうであればいままでどおり着々と、必要最低限の自衛力、まあレベルについては問題がありますが、私は持ってもいいんじゃないかというふうに実は思っています。

国連決議があれば日本人の命を犠牲にしてよいのか

つぎに第三の論点なのですが、国連の分担金です。国際連合の組織を維持するために、各国が国連の分担金を出します。その分担率です。国連の費用を一〇〇とした場合に、アメリカは二二パーセント分担している。二番目はどこか。安全保障理事会の常任理事国でもない日本が、一九・五パーセント。外務省のホームページにこの数字は載っています。そしてつぎにドイツがあるのですが省略して、安全保障理事会の常任理事国であるイギリスが、六・一パーセント。フランスが、六・〇パーセント。中国、二・一パーセント。ロシア、一・一パーセント。そして安全保障理事会の常任理事国の、アメリカ以外のイギリス、フランス、中国、ロシアの合計、これがいくらかというと、一五・三パーセント。安全保障理事会の常任理事会の五カ国、アメリカは圧倒的ですよ二二パーセントで。しかしながらその他の四カ国の合計が一五・三パーセントしか負担していないのに、日本は、非常任理事国で、いま一九・五パーセントも負担させられている。日本は今年、入りたいといった、常任理事国に。拒否された。本当に私は正義があるのかと思う。でしかも、自民党も民主党も、こういう論理の中にある国連の結論に従って日本人の尊い軍隊も送っていこうじゃないかということに対して、そうだ、やはり国連の決議があれば、それはいいじゃないかというような、風潮が無きにしもあらず。その国連が本当に、国連の内部の改革の動きが、ちゃんと正義のルールにのっとったものであればいいけれども、私はこういうようなことが行われている国連の決議に従って、日本人の尊い命を送り出すことに対して、少しぐらいは首を傾げてもいいと思う。それから日本は一九三三年松岡洋介が、国際連盟を脱退した経験もあるわけです。これから本当に国連と日本の国益が衝突することが本当にないのか、そこらへんもよく考えて行動しないと国家百年の大計を考える憲法の中で、たったこの数年、あるいは数十年の国連と日本の関係を所与のものと捉えて、日本の大事な憲法9条を変えていいのかどうかということが、私の論点です。

中国との関係を拡大させるべきときに9条を改正してよいのか

最後です。これが私の最大の懸念であります。これは平成十六年、昨年の日本の貿易の輸出入構造です。

昨年の日本の輸出入総額、これは一一〇兆円ありました。輸出入足した額です。一一〇兆円日本の輸出入があったわけですが、最大の貿易パートナーはどこか。中国プラス香港、香港も含んで見ますと中国が最大で、二三兆円。二番目はアメリカ、これが二〇兆円ぐらいあります。今憲法9条改正に対して非常にナーバスになっている国、これは中国もあるし韓国もそうでしょう、アセアン諸国もあります。中国、韓国、アセアン諸国を加えると、まさにこの一一〇兆円のうちの四六パーセントになっちゃいます。まさにこの四六パーセントの比重を占める国々とわれわれは日々貿易をしているということになります。人はパンのみにて生くるにはあらずだけれども、パンなくしては人は生きられません。もしこれらの国々が憲法9条を日本が改正したときに、もうこれは経済制裁だと、われわれが北朝鮮に対して経済制裁だというように。いま防衛庁から防衛省に昇格しようという動きがあるだけで、もう既に中国や韓国がナーバスな動きを見せ始めています。小泉さんが郵政反対派の国会議員に対して、衆議院を解散して刺客を送った、みんな非情だといった。多分国際政治はそれ以上に非情だと思います。これから中国は、ものすごい勢いで伸びてゆく。日本はこれから少子高齢化で人口も減少してゆく。ミドルパワーに転落してゆく。私は正直言って、中国なくして、もう、日本の生きる道はないと思います。今、中国との貿易は二〇パーセント近い割で伸びている。たとえば、対中国輸出は二〇・五パーセント、輸入も一六・八パーセントというものすごい勢いで貿易が拡大している。他方、アメリカは、対米輸出は昨年は二・四パーセントの伸び、輸入はマイナス〇・一下がっている。これからどんどん中国への依存度を高めてゆく日本が、軽々に憲法9条の改正、諸外国の機嫌をそこねるようなことをやって、本当に大丈夫か。たとえば、もし、中国がこれから高速道路をつくる、整備新幹線をつくる、いろいろな公共事業をやる、しかし、これからの入札対象の中にもう憲法9条を改正した日本は除外する。これからはＥＵや米国や中国の国内企業は参加させるけれども、日本は、靖国は行くし、教科書もここまでは我慢できた、防衛庁が防衛省になるのもここまでは我慢できたけれども、憲法9条を改正した以上は制裁だ、というようなことは絶対ないとわれわれは言い切れるか。小泉さんのやったことを、われわれはあそこまで非情なことをやらなくてもいいと憤慨したけれども、多分国際政治はそれ以上に私は非情だと思います。私も役人のときに日米構造協議だとか、日米金融協議だということでアメリカと相当やりあった国際交渉の場に行ってきました。それは大変なもんです、やっぱり。そういうことをよくよく考えたときに、軽々に9条を改正していいのかというのが私の一番の懸念であります。改憲による日本経済のデフレ効果が心配なのです。

私の議論は、イデオロギーも何もありません。そろばん勘定だけです。だけどそういうことが私は必要でないかと思う。変なイデオロギーよりも、本当にこれからの日本人の胃袋を満たすことができるのかどうか、そういうことを考えていったときに、私は9条は絶対これは守らなくてはいけない。しかもその中で、現に内閣法制局が認めているように、やはり自衛のための最小限度は持つべきだと、最小限度くらいもっていいじゃないかと。そうすると、みんながファジーだファジーだという。僕はファジーでいいじゃないかという。こんな大切なことをすっきりさせて本当に得なのか。やっぱりいろいろな過去、いきさつがあった大人同士が、やはりファジーじゃないとうまくいけないんですよ。相手との付き合いは。私はそういうきわめて現実的な役人の発想に基づいて、護憲論を主張したいと思います。（拍手）

永田　大変ユニークな護憲論、ありがとうございました。具体的な数字を挙げて、国際経済の中で、9条を捨てて日本が進むというのは、国際的な孤立の道につながるのではないか。そして、それが自分たちの生存そのものを否定してしまうことになるのではないかという、非常にリアルな分析を踏まえたご提言だったと思います。どうもありがとうございました。

それでは次に、辻先生の方からのご意見を承りたいと思います。よろしくお願いします。

「9条を支える人間観を」……………………辻　学（つじ・まなぶ）関西学院大学助教授

辻　学（商学部）　商学部でキリスト教学を教えております辻と申します。村尾先生の後に、何でこんな奴がと思われる方がおられると思うのですけれど、私だってそう思っています。今日は9条について宗教者の立場から話すようにということをおおせつかっているわけですが、宗教、特にキリスト教の立場から憲法9条の重要性を訴えるというのはなかなか楽なことではありません。と申しますのも、憲法9条の語っている内容のまるで逆を行っているアメリカ合衆国の大統領が、自他共に認める熱心なクリスチャンなのですね。したがいまして、キリスト教だから平和主義、だから憲法9条擁護、という単純な三段論法では済ますことができないわけです。同じキリスト教と申しましても、その実践的な立場には、それこそ左翼と似たようなものから、右翼顔まけのものまでいろいろございまして、ちなみに、関学のキリスト教はリベラルを旨とするということになっています。アメリカ大統領のバックにありますのは保守的な福音派あるいは原理主義者のキリスト教でして、黙示録的な世界観を背景にした極端な善悪二元論というものに立ちまして、反キリスト勢力というものがこの世にはあって、あの人たちはときどき悪という言葉を使いますけれども、悪というのはそういう意味でして、反キリスト勢力を一掃するのが神からブッシュ氏に与えられた使命であるというようなことを言うのです。けれども、やっぱりそれは、私は新約聖書学が専門なのですけれども、新約聖書から読み取れるイエスの思想とは矛盾しているのではないかと、あれは、キリスト教というけれども、ちょっとおかしいのじゃないかと私は思っているわけです。

９条を理想とする心情

しかし、イエスのことを言う前に、９条をめぐる憲法問題にはまるで素人である私の理解をまず申し上げたいと思います。憲法９条を解釈するにあたっては、自衛権ですとか、さらには個別的自衛権あるいは集団的自衛権、といった概念を専門家とか、政治に詳しい人は予備知識として併せ持つと思うのですね。しかし、今日の役目をおおせつかってからあわてて９条ですとか、憲法に関する文献を読み始めた私のような者、そういうレベルの人間が９条の２項を読みますと、陸海空軍その他の戦力はこれを保持しないと書いてあるのですから、戦争のための戦力になるものはもたないという意味に解するはずです。これがおそらく、専門家でない大多数の人がこの条文をぱっと読んだときの素直な理解なんじゃないでしょうか。そして戦争を一切しない、軍隊も持たないというあり方が、非常にすばらしい、理想的な状態であるという気持ちもおそらくあるはずです。

辻 学氏

自衛権ということをさっき申しましたから、ついでにそのことについて短く付け足しますと、自衛権は否定されていないという解釈の立場があるということなんですが、およそ自衛のためという大義名分なしに行われる戦争というものが存在するのかという気が私はいたします。私は商学部の教員なのですが、先日、商学部のキリスト教学の授業中にナチスドイツによるユダヤ人大量殺戮についてのビデオを見せたら、学生は大変ショックを受けまして、しかも昼飯前の二時限目だったものですから、気持ち悪いものはやめてくれという声も出ていたのですけれども、ビデオを見ていますと、あのヒトラーだって、ドイツをヨーロッパの中で守る、すなわちアーリア人種の純粋さをユダヤ人から守るんだという、いわば自衛の理屈で戦争を行い、そして民族浄化というものを行ったわけですから、あらゆる戦争には自衛という理屈がついて回ると思うのですね。自衛とはそういうことだと思うのです。

自衛隊をなくさずにきた根強い不安感

しかし他方、自衛隊というものが、私たちもよく知っていますように日本には存在いたします。これは9条2項からすれば法的には正しくないというのが、これまた政策うんぬんということを度外視すれば、自然な理解だと私も思います。9条2項に照らして正当だというのはかなり理屈としては不自然だと思いますし、政治家とか法学者にはもしかしたらそれなりの理屈があるのかもしれませんが、ある種の政治的判断を前提にして初めて出てくる立場だと思うのですね。しかしながら、だから自衛隊をなくしてしまえということにはならずに来た。それは永田先生が最初におっしゃったとおりです。けれどもそれは、自衛権は認められているのであるというような法的判断を私たち国民が共有しているからそうだというのではありませんで、あるいはそうかもしれませんが、たぶんそうではなくて、やっぱり敵に攻め込まれたら困るから最低の軍備はいるのではないかという、かなり漠然とした、しかし根強い不安が人々の中にあって、そしてその不安が自衛隊を支えているということではないかと思います。

先日やはりキリスト教学の授業の中で、日本を攻めてくるおそれがある敵とはどこだと思うかということを学生にインタビューしてみたのですね。別に、このシンポジウムのためにインタビューしたのではないのですけれども。そうしたら、北朝鮮、それから中国という名前が挙がってきました。私は、北朝鮮や中国がいま日本をいきなり攻めてくるというようなリスクを侵すとはとても思えないのですけれども、だって、今やったらアメリカを敵に回すことになりますからありえないと思うのですが、しかしこの種の不安というものが根強くあるという事実は確かに認めざるを得ない。ということでやっぱり自衛隊は最低の軍備としてあった方が安心なんじゃないかということになり、その心情が自衛隊を、たしかに憲法と齟齬があるかもしれないけれど、なくせない存在にしてきたのではないかと思います。

9条も自衛隊も……中腰の私たち

一方では、憲法9条の精神をよしとする心情がある。そして他方では、これには矛盾しているのだけれども、やっぱり最低の軍備はあったほうが安心だという心情もある。これは、考えてみればかなり中途半端な状態でありまして、たとえて言うならば、強い軍隊を持つ、われわれは強い国であると言って、がーっと立ち上がるというような状態でもなく、かといって、一切軍備は放棄すると言って、どかっと座り込んでいるわけでもない。すなわち、中腰のような感じにいるわけですね、私たちは。非常に不安定な状態にいるわけです。これは、その姿勢を続けてみればわかりますが、居心地の悪い、すっきりしない状態ですよね。でも、戦後自衛隊ができてからずっと日本はそういう状態を続けてきた。中腰という状態というのは、立つか座るかわかりませんから、周辺の国々から見たって、日本は一体、立つのか座るのかわからない、どっちに行くのか信用できないということになります。ですから、今のままでもいい、自衛隊は合憲でいいじゃないかという姿勢は、中腰のままがんばりましょうみたいなことですから、どのみち日本の信用を高めることには結びつかないだろうと思うわけです。

憲法改定をしようという人たちは、今のたとえで言うと、立ち上がってすっきりしようじゃないか、という考えですよね。憲法9条があるから思い切って立ち上がれないので、国を守るための軍備を堂々とやれる、必要と政府がみなせば海外派兵だってできる、そういう「普通の国」、あくまでカッコつきですが「普通の国」になるために立ち上がろうということでしょうね。しかしこの方向に進むと、まあその方向の結末は多かれ少なかれ、アメリカ合衆国の現状が示していることになるのではないかと思うわけです。すなわち、アフガニスタンとかイラクに戦争でいくら勝ったところで、相手の国に平和は来ませんし、それどころか自分の国の人たちが常に危険におびえないといけないというようになってしまった。二十一世紀に入ってから、戦争戦争と私たちは言いますけれども、確かに戦争は起こるんですが、従来型の戦争よりもむしろ爆弾テロあるいは自爆テロのほうに戦術が転換しています。こういう自爆テロあるいは爆弾テロというものは、軍隊を持ったところで防ぎきれない。従いまして、アメリカとかイギリスのような、街中で爆弾テロがいつ起こるかわからないという、そういう不安な国にやがて日本もなってゆくというのが予想される結末じゃないかと思うのです。もしそうだとしたら、この方向の行き着く先に平和など決してありえない。

そうであれば、今の中腰の状態を解消するために私たちが目指すのは、やっぱりしゃがむ方向、すなわち9条の示す理想的な状態へと近づいてゆく方しかありえないはずです。しかしそれは、敵国に攻め込まれたらどうするのだという不安が解消しない限り、大多数の人々の合意のもとに実現することはおそらくないでしょう。ではこの不安はどうすれば解消するのか。これは、政治学的見地から説得するというよりも、もっと基本的な心の持ちようといいますか、他者というものをどういう視点で捉えるか、あるいは人間同士の関係をどう理解するかという、一種の人間観の問題なんじゃないかと、宗教に携わる人間としては考えているわけです。

他者を敵と味方に区分する人間観の克服を

敵国に攻め込まれたらという不安には、敵国というものが存在してその敵国が日本という国を攻めてくる可能性があるという前提が存在いたします。そこには国家とか、国益という概念が働くわけなのですが、実際には、ここでは民族と国家の関係という問題はさておくとしましても、国家というものは絶対ではありませんし、国益が私個人の利益と常に一致するわけではない。イラクという国が戦争に負けたことが、そのままイラクにいる人たちの不幸を意味するわけではありませんし、アメリカ合衆国に住んでいる人たちがイラク戦争でみんな幸せになったわけでももちろんない。しかし国家という枠で他者を捉えている限り、「敵国の人」というような仕方での人間関係の把握は避けられないと思うのですね。けれども、国家や民族という枠の中に私たちは置かれているにもかかわらず、それらをこえた人間同士のつながり、それは友情であったり、同情であったり、愛情であったりいろいろですけれども、そういうつながりを人間として持ちうるわけです。自分と同じ痛みや悲しみ、喜びや幸せを感じる人間、感じ方はそれこそ民族や風習によってさまざまなのですが、そういうものをイメージする力を持つ、ということが、敵とか味方の国の人というような人間観を克服して行く、非常に遠いですけれどもしかし唯一の道であると私には思えます。

さきほど村尾先生が、人はパンのみにて生きるものではないという聖書の言葉を引かれましたので、私もがんばって聖書の言葉を引きたいと思うのですが、新約聖書の中に、イエスは隣人を愛するのではなく敵を愛せよと言ったと伝えられております。この言葉は、敵・味方（隣人というのは味方ですから）という区分で人を認識することをやめよという意味であると私は思っています。イエスの語った例話の中に、こういう話があります。強盗に襲われて半殺しの目にあって倒れていたユダヤ人の旅人がいた。その旅人を助けたのは、同じユダヤ人の宗教者である祭司でもレビ人（レビ人というのは下級祭司です）でもなく、ユダヤ人と政治的・宗教的には対立していた「敵国」の人であったサマリヤ人であった。このサマリヤ人は、倒れているユダヤ人を見て、こいつはユダヤ人だ、ざまあ見ろと思ったのではなく、断腸の思いに駆られて、つまり心からかわいそうだと思って助けた。このユダヤ人がその後、サマリヤ人全般に対する認識を変えたとは聖書には書かれておりませんが、しかしこのような体験、出会いの体験というものはきっと、民族的な壁、あるいはさらには国家の壁というものを乗り越える人間同士のつながりを生んでゆくに違いありません。これこそが、イエスの言った、敵をこそ愛するべきだという言葉の意味なんじゃないかと思うわけです。

民族や国家という枠を超えた出会いの積み重ねこそ

敵国とか味方とかいう範疇で他者を捉えることを乗り越えようとするというのは、もちろんやさしいことではありませんし、すぐにできることでもありません。それは非常に地道な、個人レベルでの出会いの積み重ねによってのみ達成されてゆく長い道のりだと思うわけです。人間は、長い歴史の中で戦争を積み重ね、殺し合いを繰り返してきました。その歴史を克服するということは、すぐできることではありません。それには当然時間がかかります。従って、すぐに自衛隊をなくして完全非武装を達成するというのは、これは無理だと思うのですね。しかし、すぐに座ってしまうということがたとえできなくても、徐々にしゃがんでゆく努力を積み重ねて行くということはできるのではないかと思うわけです。

大学では、さまざまな機会に学生さんが外国に出てゆくプログラムを用意しております。それらを通して学生さんたちが、民族や国家という枠を超えて、同じ人間同士として出会えるようにする。それが、大学という場所がその本業としてなしうる大事な平和運動のひとつなのではないかと思っております。そのような積み重ねこそが、憲法９条は日本にとって大事だし、またそれは世界にとっても大事なのだという気持ちが、法律や政治といった世界に疎い大多数の日本人によって共有されてゆくための、ないしは徐々にしゃがんでゆくためのプロセスなのではないでしょうか。以上です。（拍手）

永田　どうもありがとうございました。現状は中腰で居心地が悪いのだけれども、ここで居心地が悪いからといって、立ち上がって国家主義を振りかざすようなことがあってはならない、しゃがむ方向で努力をすべきで、国家の壁を取り払い、敵・味方というような見方ではなくして、人と人という付き合い方の中から平和を創り出すべきだという主張だったかと思います。

日本国憲法の前文は、従来の国際社会における平和の考え方と違って、国家の安全保障というところから突き出て、人間の安全保障という考え方を最初に打ち出したものです。全世界の国民が平和のうちに生存する権利を有するということを謳っているのはそういう視点を打ち出したものだ、といわれているのですけれど、先ほどの先生のお話は、そこと共鳴するところがあって、すぐにはしゃがめないかもしれないけれども、そこを目指してわれわれは進むべきではないか、と訴えておられたように思います。どうもありがとうございました。

それでは最後に、徳岡先生から、９条のこころを実現したいということで、お話を伺いたいと思います。

「9条のこころを実現したい」…………徳岡宏一朗

（とくおか・こういちろう）関西学院大学教授

徳岡宏一朗（司法研究科）　司法研究科、関学ロースクールの教授をやっています徳岡です。よろしくお願いします。軍隊を持って、本当に皆さんがこんな日本であればいいなという日本になるのであれば、軍隊を持てばいいと思うのですけれどもね。いま皆さんがどんな日本にしたいか。まず、小学校から帰る女の子が死んでしまわないような安全な国、老後の年金とかが安心してもらえて、安心して暮らせるような世の中で、税金もそこそこ安いというような国であればいいのだと思います。たとえば国連の安全保障理事会の常任理事国に本当になりたいのかというと、それほどみんななりたいと思っているわけではなくて、もっと身の回りの生活がよくなるということを考えていると思うのですよ。本当に、自衛隊が自衛軍になることが役に立つんだったらいいですよ。だけど役に立たないんじゃないのでしょうかということが、私が今日言いたいことです。

戦力を持つということはどういうことか

インドに旅行したとき、ガンジス川をボートでこいでくれるおじさんに、「ネールという人はえらい人ですよね」と声を掛けたら、「あれはとんでもない奴だ。パキスタンの独立を認めた」と、怒ってはるわけです。あの地域にはたくさんの宗教があるわけですけれども、ヒンドゥー教とイスラム教の対立が、インドとパキスタンの対立という形になっていて、国境紛争も何度も起こっているわけです。そのインドとパキスタンが、お互いに勢力を均衡させるためにいまどうなっているかというと、両方ともが何十発もの核兵器を持つようになっているわけです。前の核兵器を持たない同士の国だったときに比べて、軍事力が上がって核兵器を持つようになった方がより安全になった、というふうには周りの国は誰も思っていないのですよ。でもインドとパキスタンは一旦持った拳銃を捨てることができない状態にいます。

私がいまやっている裁判で、原爆症認定訴訟という被爆者の方が原告になっている裁判があります。ある原告の方は原爆白内障になって、右目が失明、左目が白内障になったのに、右目は原爆の放射線と関係があるけれども、左目は関係ないという厚生労働省の認定を受けて、十センチしか離れていないのにそんな違うわけないやろということで、神戸の兵庫県庁に異議申し立てにいきました。新聞のインタビューの後のことです。九・一一テロが起きたばっかりだったんですよ。有事法制とか怖いわと深谷さんがおっしゃると、娘さんがね、被爆者の七十八歳のお母さんに、「でも飛行機が飛び込んで来たら怖いやん、やっぱり軍隊持たなあかんやん」と言ったんです。そのとき、深谷さんが娘さんに諭した言葉を、僕今でも忘れないんですけれども、「戦争するぐらいやったら死んだ方がましや」ておっしゃるんです。僕はね、戦争というのは人が死ぬから、だから嫌なものなんだと思っていたら、被爆者にしてみたら、戦争は死ぬより嫌なんです。戦争が起きた後、六十年間、白内障が出たり、ガンが出たりとか戦争はずーっと続くんだから。被爆者にとって戦後はないからです。今、インドやパキスタンのように戦力を持つということになれば、その戦力を高めるということになって、結局核兵器を持つということになっちゃう。うちの国で次の首相候補一番人気の安部晋三さんは、核兵器を持つって言ってますからね。核戦力、核武装論者ですから。論理的に行けば一番強い武器を持とうということになるわけです。それが本当に、国家百年の計として、日本にとっていいこと

徳岡宏一朗氏

なのだろうか、ということです。

軍隊が中心になっている国がどうなるかというと、アメリカは僕は軍事国家だと思うんですけれども、この前の選挙、もう忘れてしまったと思いますが、ブッシュの対立候補はケリーっていう人だったんですよ。ケリーという人はブッシュに勝つためになんていうたかというと、俺はめっちゃめちゃ、軍隊で勇敢な兵士やったということをアピールするわけです。ブッシュ、お前、へたれやからちゃんと闘ってへんやろ、というようなことが大統領選挙でアピール材料になるわけです。さすがに日本で俺は勇敢な兵士として戦ってきたとか、何人殺してきたとか、そういうことアピールにならないでしょ。それは、うちがまだ、非軍事国家だからです。軍事国家になったら、どれだけ優秀な戦闘員やったか、どれだけ自分は戦争でたたかったかということが、アピールになってしまいます。アジアで、村尾先生が言われたように二十いくつものたたかいがあって、そのなかに朝鮮戦争もベトナム戦争もあって、日本から米軍が出撃した戦争もあるけれども、何で日本人が殺すことも殺されることもなかったかというと、それは憲法9条があったからだと思います。

自民党の改憲案は「戦争放棄」の放棄

ところが皆さんのお手元にある日本国憲法9条と、自由民主党の新憲法草案が並んでいるものを見てほしいんですが、自民党の新憲法草案って条文の数は減っているんですよ。ところが9条だけすごく長くなっていて、9条の2の自衛軍のところの3項を見てほしいんですが、3項目に「国際的に協調して行う活動」と書いてあります。国連とは書いていませんから、アメリカと一緒になってアメリカの戦争に世界の裏まで行く可能性があるということです。そのあとも見てください。「及び緊急事態における公の秩序を維持し」

と書いてある。戦争とかとは関係なく、国家の緊急事態宣言が発動され、そこに自衛軍が出動するということまで、ちゃんと9条の2の3項は入れているんですよ。ものすごく恐ろしい条文になっているんだということを知ってください。そしてページの都合で皆さんにお配りしていませんけれども、日本国では通常の裁判所、最高裁以下の裁判所しか認められていないのを、軍事裁判所を設けるということまで、自民党の草案には載っています。だから日本全体が軍事に向かって突っ走れる、そういう憲法草案になっているんです。

憲法改悪案を策定する方向性、一番は軍隊を持つ、二番交戦権をもつ。これらは9条の2項をなくすことで達成されます。朝日新聞は、この新憲法草案、自民党の案が出されたときに、「戦争放棄は維持」と大見出しで書いていたんですけど、確かに9条1項はそのままなんだけど、2項をなくしてしまって、おまけに章の名前が「戦争放棄」じゃなくって「安全保障」になっているんですからね。戦争放棄は放棄しているんですよ、この草案は。なのに、戦争放棄は維持なんていうのは、ごまかしにすぎない。海外派兵を認める、軍事法廷を作る、自由の制限に関しては共謀罪を今度の通常国会で作ろうとしています。話し合いだけで罪になります。治安維持法より怖い。国民投票法案では、われわれが立場を利用してつまりロースクールで教えている教員として憲法改正に関して話したら、教職員の立場を利用して話しているということで、許されないとされているくらいなんです。最終的にはどうなるかわかりませんけれどもね。

戦争を可能にする五点セットが進行している

これから戦争を可能にする五点セットがつくられていこうとしていると思うんです。まずは表現の自由の制限。いま言ったように共謀罪が作られようとしています。さらにそんな法律が作られる前からチラシを配っただけで有罪だという判決が出ました。チラシを配るのは別にセールスの人もチラシを入れていっているわけですよ。それなのに自衛隊の官舎にイラク派兵反対というチラシを入れていったら、何故か建造物侵入罪というような罪で逮捕されて、東京高裁で有罪判決、逆転判決が出てしまいました。次に、嫌中嫌韓朝、中国嫌い、韓国嫌い、朝鮮嫌い。うちのお袋久しぶりにあったらですね、中国の江沢民の反日教育は許されへんとかいうてるんですよ。前まで江のコの字も知らんかったやろ、いうことなんですけれども、ワイドショーに一日五時間ぐらいどっぷりつかっているものですから、ナショナリズムになっているわけです。戦争できる状況が「ああ、もう、お袋にも作られているわ」と思います。三つ目が戦争放棄の放棄。これはもう9条の2項を削除することでできます。四つ目が、いわゆる戦争犠牲の受忍論。このまえ中国残留孤児訴訟で、満州国をでっち上げて日本が国策で送り込んだ人たちをですよ、日本軍が先にソ連軍が攻めてきたといって逃げて、残った子供たちがやっと帰ってきて生活保護を九十何パーセントの人が受けているのだから日本は国家賠償をしろという裁判に対して、ひとしく戦争の犠牲は受忍すべきもんだという判決が出たんです。戦争が起こっても、国は国民の面倒を見ませんよ、という体制を作ってはじめて戦争できるんですが、そういうことをもう裁判所がいってます。で最後。軍人として死んだら、英霊として靖国神社に祀られる。五点セットの最後のところ、何であんなに一生懸命小泉さんががんばっているか言うたら、戦争に行って最後は祀られる、ゆりかごから墓場まで軍人として生きていけるように作っているわけです。

軍隊がなければ日本を守れる

いいたいことはいっぱいあるのですが、あと三分になってしまいましたので、軍隊がなければ日本を守れるというお話をしたいと思います。村尾先生は憲法9条に自衛隊は違憲だというと、非武装中立になって、社民党とおっしゃるのですが、そのあたりと違う線があるのではないかと僕は思っています。まず、軍隊がなければ日本を守れる。一番が先ほどのお金の問題です。旧大蔵省と財務省ががんばってくれたにもかかわらず、国・地方のいま借金は合わせて八〇〇兆円。ということは一家四人で三、二〇〇万円くらいもう借金させられているんですよ、いきなり。そんな状態の中、先ほど日本の国防予算約五兆円というのがありましたが、軍人恩給をあわせると六兆円近くなるんです。毎年毎年そんなに使っている余裕ないやろ。富士山の演習で戦車の弾一発二、〇〇〇万円、イージス艦二、〇〇〇億円、そんなイージス艦を四隻持ってて、五隻目も買いたいゆうてるわけですよ。多重債務で自己破産です。弁護士からいわせてもらうとそういうのは。だからやめてもらいたい、そういう無駄遣いをね。

軍隊というのはお金がかかるだけじゃなくて、資源を無駄遣いするわけです。大体石油が百年以内になくなって、鉄鉱石は百五十年以内になくなるっていっているのに、戦艦とか戦車とかですね、造っている場合じゃないんですよ。そういう有効な使い道があるものは、掃いて捨てるようなものに使ってもらっては困る。

ナショナリズムについては、お袋にいうんですけれども、何ぼ嫌いでもね、隣同士やったら引越しできるけど、国は引越しできません、日本列島は。だから、中国や韓国や朝鮮と近いんですから、仲良くやっていかないけないんですよ、もちろん経済的な面でもそうですよ。近いんですから仲良くやっていかざるを得ない。

四番として、強大な軍隊がない方が守りやすい。全世界で軍隊がない国は、コスタリカしか知らないでしょ、皆さん。十六個あるんだそうですね、一八九カ国の国連加盟国中。コスタリカに行ってみました、わたし。観光バスの運転手も、うちは軍隊がないのと緑が自慢やって言うんですよ。「軍隊がなかったら攻められるでしょ」というたらですね、「何で軍隊がないのに攻められるねん」っていうんですよ。軍隊がないんだから脅威がないんだから攻める対象にならないでしょ。そして、「うちは難民を受け入れている」と。なんと人口の三分の一が難民だそうです。周りはニカラグアとかグアテマラとか内戦ばっかりしている、ホンジュラスとか。人口の三分の一が難民ということは、うちでいうと一億二千万人中四千万人が難民ということですからね。それだけ周りに貢献してきたら、誰も攻めようなんていう国はないって言うんです。で、軍隊というのは自国民を守ってくれるのかいうたら、天安門事件、あれ人民解放軍っていう名前ですよ、なのに自国の国民を戦車で引きつぶしてたじゃないですか。日本軍だって、満州国に残留孤児を置き去りにしてきたし、沖縄戦では日本人見殺しにしているし、韓国だって光州事件で自国民を殺しています。だから軍隊というのは実は外からの敵を守るのに役立つよりも、自国民を殺してきた歴史がものすごくあるということです。非常に危険な存在やっていうことです。

紛争を起こらないようにする国づくり

だから日本は調停外交や予防外交でまず、この紛争を起こらないようにするような国づくりをしてゆく、それが一番安全です。あのね、アメリカの軍事予算、先ほど出た軍事予算の二位から十九位合わせたよりもアメリカのほうが多いのだそうですね。それでも九・一一テロは防げなかったでしょ。だから、飛行機で突っ込んでくるとか、原発に突っ込んでくるとか、そういうものは防げない。テポドンとかいう名前も出ましたけれども、テポドンはあれ、発射したら十分で日本列島につくんですよ。そんなもんね、撃ち落とそうって今ミサイル防衛網なんてことといってますけど、お金の無駄です。毎年一、〇〇〇億円で、一兆円かけるっていってますけど。いくらジョン・ウェインが早撃ちでもね、相手が撃った弾を、弾を撃って撃ち落とすというのは無理です。相手が撃つ前に、早撃ち拳銃の人は相手を撃ち殺しているんですね。撃ってきた弾を弾で撃つっていうようなことはできません。だって、湾岸戦争においてパトリオットミサイルでスカッドミサイルを落とせましたか。バンバン、イスラエルにスカッドミサイル飛んでたじゃないですか。そんな近いところでミサイル防衛網なんてことじゃなくって、お互いにミサイルを撃ち合わない環境をつくるのが一番大事です。それが9条の心だと思っています。

関西学院大学西宮上ケ原キャンパスＢ号館 104 号教室にて

（拍手）

永田　ありがとうございました。自民の憲法草案には軍事国家へ導くための五点セットが組み込まれているけれども、まだ憲法が改正されないのに防衛庁が防衛省に格上げになるという話しが出ています。軍隊の実際に果たす役割について、コスタリカと中国の天安門の例をあげられました。またミサイル防衛が実質的には無力であってお金だけを使うものだということをお話しされたと思います。

　ちょっと私いまお伺いしていて思ったことがあります。今日は9条の会ということで新憲法草案の中では9条のところだけしか引用されていないのですけれど、一つ大きな問題があるといわれていまして、それは、「公共の福祉」という現在の憲法にある言葉が、「公益及び公の秩序に反しない限り」というように変わるということであります。現在の公共の福祉とは、人権を濫用してはいけないということなのですけれども、力の強い者が人権の名において弱い者いじめをしてはいけないということで「福祉」という言葉が使ってあるのですけれども、これが昔のように国益優先みたいな意味で「公益」という言葉が正面に出てくると、今徴兵制はしかないということの理屈にいくら公共の福祉をもってしても徴兵制をしくことはできないというように言われているのだけれども、これが9条の改正とからまって国益優先、公益のためには仕方がないということで、国防の義務は入っていないけれども、そこから実質的に国防の義務を引っ張り出すことができるという解釈が可能になるだろうということを言われています。これも9条と絡んで、かなり大きな新憲法草案の問題だろうというように思います。

＊ ＊ ＊

永田　それでは、非常に有意義なお話を伺ったところで、質問と意見を分けるというのは実際難しいような感じがいたしますので、一人三十秒から一分ぐらいで、今日来ていらっしゃる方から9条に対する思いを語っていただきたいと思います。その際、パネリストの先ほどあった話しに関連させて話していただきますとなおよろしいかと思います。発言される際には少しだけ自己紹介をなさっていただけるとありがたいです。どうぞ。

関学ＯＢ（男性）　９条に関して、もし９条を破棄したらどうなるかというと、まずアメリカとの関係が悪くなると思います。なぜかといいますと、９条というのは本質的には平和主義の条文だと私は思っていません。日本が戦争に負けたときに、今後間違ってもアメリカにたてつかないということを誓約させるということが９条の本質です。ですから、９条の延長線上に安保条約も、日米同盟も成立してきた。解釈改憲もできるし、非常に矛盾したことも出てくるわけですね。９条を破棄して、自衛隊を軍隊にしてしまうと、どうなるかといいますと、日本の軍事力が反アメリカという形で機能する可能性も出てきます。また、日本は９条を掲げた状態で六十年近く来たという歴史があります。それをひっくり返すわけですから、当然国際社会における日本の位置づけも変わってきますよね。一番怖いのはアメリカとの関係が悪くなって、イラクの二の舞を踏むというね、これがやはり怖いです。

憲法の力で平和は実現しないということですよ、本質はね。ですからキリスト教学の先生もおっしゃっていましたけれども、私はクリスチャンではありませんで、私は日蓮正宗の信者で大石寺系の信者でありますが、本質的には人心の荒廃ということから戦争というのは起こりますから、憲法といえどもそれはただの条文、文句にすぎません。やはりそれは一人一人の心が変わらないと無理だということではないでしょうか。

永田　ありがとうございました。もしもパネリストの方から何か付け加えておっしゃりたいことがありましたら。特段なければ、どんどん発言していただきましょう。

市民（男性）　イラクへの派兵の延長がこの前閣議決定されましたけれども、わたしは派兵反対の取り組みなどもしています。ソ連が崩壊して以降、湾岸戦争そしてイラク戦争ということで、これまでと違って、アメリカがますます軍事力を盾にして世の中を牛耳っていくという状況にある。それが今、米軍再編という形で、そこへ日本も組み込まれてゆくというように、それまでの八〇年代までとは違って、あり方がすごく変わってきてしまっています。そういうアメリカになっている。そこへ、憲法の下でずっと日米関係が作られてきたのですけれども、それがいまやアメリカと一緒になってイラクでの戦争をするという、そういうものに日本が変わろうとしている。それがまさに自民党の新憲法草案であろうと思うのですね。だから、その道を行くということは、先ほどもありましたように、アメリカ化してゆくわけですよね。戦争をするということで大統領選挙を争うような国に日本もなってゆくということであると思うのです。その意味で、その道を進むのかどうかということで言えば、今日の会では9条の会ということで、どなたも9条を守るというあるいは戦争をしないということで言われています。私もまったくそうだと思うのです。ただ、憲法改正という時代の流れが、小泉自民党政権が圧勝したという中で、一層強まっているので、その流れをどうやって変えてゆくかということで、9条の会にとどまらずいろんな取り組みができていったら、というように思います。

憲法の問題では、先ほど言われましたけれども、9条の問題とあわせて本当に大問題だなと思うのは、これまでよく言われていましたように憲法というのは国家権力を縛るもの、暴走を止めるものです。そういうものであったのですけれども、今度でてきている自民党憲法草案では、「日本国民は、帰属する国や社会を愛情と責任感と気概をもって自ら支え守る責務を共有し」というように、国民に責任を言ってきているということです。そういう意味では一八〇度今の憲法と違うものになろうとしているということについても、強く訴えて、これをそのようなものにならないようにしていかなければいけないなと思います。特に自民党憲法草案が出たときに、それほど言っているほど強硬じゃないという意見があったり、割と滑らかになっているのじゃないかというような、そういう声が一方にありますので、本当に危機感を持ってみていかなければいけないと、そんな思いをしております。以上です。

永田　ありがとうございました。はいどうぞ。

卒業生で配偶者が関学で働いている女性　今日は、村尾先生が掲げてらした武装護憲論というキーワードがどういうことやろな、と思ったので来させていただきました。村尾先生はいろいろ数字をもとにお話されたのですが、最低限の武装はあったほうがいいとおっしゃったのですけれども、自衛隊があることでかかるコストと、自衛隊があることで国民全体が得ている利益ということを考えると、必ずしも自衛隊があることで日本人は得をしていないのじゃないかと私は思うのです。

商学部の辻先生のお話しで、キリスト教の話がありましたけれども、私もちょっと関心がありまして、私はカトリックなのですけれども。関学も戦時中に戦争に協力していたという事実があるのをあまり関学生もご存じないかもしれませんが、中央芝生の周辺にある古い建物は軍隊にお金をとって貸していたそうです。中央芝生で軍隊の訓練をしていた。それでその軍隊から払われた賃料で戦時中の学生減少による減収をしのいで生き延びたという、関学というのはそういう歴史を持っている学校でもあります。そのあたりを関学にいま関わっている人間がどう捉えるかということを、学生さんも先生方も考えていただきたいと思います。

村尾　自衛隊のあることでかかるコストという話をされました。そういう考え方の人は多いと思いますよ。しかしながら、多分国民の大多数が、自衛隊が違憲かどうかという話とは全く別に、自衛隊は必要なのかどうかと問われた場合に、いい悪いは別として、日本国民の大半はどう考えているかというと、これはやっぱり自衛隊は必要だと思っている人の方が多いのですよ。僕の言っている意見は、正しいか悪いかではなくて、9条を守らないと日本人の胃袋を満たせないというのがまず根本にあるわけですね。胃袋を満たせないということは、日本人の生命を生かせないから。そのときに、いままでの護憲論の限界は、あまりにもピュアすぎて、ほとんどの大半のサラリーマンはついてゆけないのですよ、たぶん。おしゃっているこことはものすごく僕もよくわかる。だけども理想と違って、この一億二千万の国民の中には自衛隊が必要だと考える人がいっぱいいる。僕らの究極の目標は、とにかく9条を守ることのただ一点に絞るとしたときに、自衛隊必要だぜ本当に、という人が大部分だったら、そういう人たちを取り込む論理を構築しなければだめなのですよ。薩摩が薩摩でがんばる、長州は長州でがんばっていたら、江戸幕府は倒せなかった。そこに竜馬が出てきて、まあまあとにかく倒幕だという一点でいろんな思惑の人間を集めた。そしてやった。だから僕みたいなマイナーな人間がいてもいいし、もっとメジャーな人間がいてもいい。ただ一点、9条は守らなければいけないのだ。そろばん勘定で来る奴も、それから本当に9条が大切だ、戦争しちゃだめだという人も来る。いままでの9条論の限界はそこなんですよ。だから泥水を飲んでいる奴も9条を守るために行くには、そろばん勘定に訴えるしかないというのが僕の意見です。

永田　どうもありがとうございました。核心に触れるお話だったと思います。

西宮市内で憲法の勉強会を運営している女性　同じく、村尾先生のおっしゃることに関連して。憲法勉強会を9条護憲という形でここ五年間続けてきたのですけれども、やはり純粋に法律だけでは護憲というものをすすめていくには、一般の人には受けが悪いというか、そういう意味でいろいろ考えていたのです。たとえば、経団連の前会長が、トヨタの前会長ですけれども、あの人たちは完全に9条を変えたがっている立場ですけれども、さっきおっしゃったように輸出入の額が中国、対アジアがこれから増えてゆくということで、アメリカよりも中国を重視する企業が増えているから、９条を守りたい企業も多いのではないかという意見があるのを聞いたことがあるんですけれども、具体的にそういう状況なのかどうかということ、経済界の状況ですね、そして経済界の９条を守るという人たちを取り込むことが私たちの運動で可能なのかどうか、ということを教えていただければと思います。

村尾　十分可能だと思いますね。私は是非やりたいのは、関学の経済研究所の皆さんも動員して、改憲によるデフレ、改憲による日本経済のデフレ効果を試算してみたらいいと思います。憲法９条を改正した場合の最悪の場合、ようするに中国が経済制裁をしたときに、日本の失業率は多分ものすごい勢いで跳ね上がるでしょう。中小企業倒産しますよ。現地生産ができなくなるというような。僕が本当に思うのは、言葉もいいんですよ、言葉も人の心を揺さぶる。だけど一番普通の人を揺さぶるのは、数字なんです。儲かるのか、損するのか。私は、憲法９条改正に伴う日本経済のデフレ効果、失業・倒産がどれくらい出て、失業率がどれくらい増えるかという試算を、一回やってみるといい。そういうことで経済界も動かせると僕は期待しています。

永田　ありがとうございました。はい、お願いします。

自営業の男性　私は関学には関係のない人間ですが、憲法９条の問題に関心があったので参加させてもらいました。私は、いまの憲法９条を変えようという動きについては日本の後進性を表しているのではないかなと思っております。今それを唱えている方々、小泉さんを初めとして舛添さんとか、あの方々は戦争の実感は全くない。そういう年代の人が、普通の国で軍隊を持ちたい。将軍とか大将とか元帥とかそんなものを持ちたい、そういう感覚でこんなことを言い出しているんではないかと、思っています。しかも派兵ということについては、今まで歴史の中で、先進国はいろんな名目で、たとえば自分の国の邦人を保護するために派兵して、それが全部侵略に結びついているわけですね。派兵された国々では、皆さんそういうことはわかっているはずです。ですから、イラクにしても、アフガニスタンにしても、そういう反発は必ずありますよね。そういうことを日本はまたやろうとしている、というのはまことにおかしな話ではないかなと思っています。

で、これから日本は何もなくて自衛ができるのかということになるのですが、現実問題として、それではどういうように外から攻撃されるのかということがありますよね。それは敵軍が上陸して、攻めてきて、それを戦車でもって撃退せなあかんとかですな、そんな話はまずありえない。先ほど村尾先生の話にありましたような北朝鮮のテポドンとかですね、そういうものがあるかもしれません。これは私も最近になって一番脅威なのは、中国の有人衛星ですよ。あれが回ってくる。これが一番脅威です。しかも、皆さんご存知だと思いますけど、今科学技術は、グーグルのインターネットの地図を見てみれば、地球が現れて、西宮が現れて、関学が現れて、この建物も外観も出てきますよね。軍事衛星になると、窓から誰がどういうことをというところまでわかる時代になっていると思います。ですから日本が軍隊を持って自衛するというよりは、日本は技術立国で、そのための民間技術の先端技術をいかに持つかということが、これが一番の大きな自衛のための力になると、私は思っています。現に日本はつい最近六ヶ所村の再処理工場をスタートしました。これは世界有数のプルトニウムの生産工場ですね。それがどんどん出てきます。後、プルサーマルで、プルトニウムを利用してという話は宙に浮いちゃっていますから、それがどんどん蓄積されてくると思います。で、そういう国なのですね日本は。いまさら軍隊を持てというよりは、私はむしろ、いまの自衛隊は昔の警察予備隊に戻すべきだと思います。予算もさほど必要ない。いま一番問題は、テロに対するセキュリティーの問題をきっちり日本でやっていくというのが一番問題だと思います。

永田　ありがとうございました。できるだけたくさんの方に発言してもらいたいと思いますので、発言時間は短めにお願いします。９条はアジア太平洋戦争に対する反省、アジアの人々に対する謝罪の意味と不戦の誓いという意味もあるといわれていますけれども、今日はさまざまな年代の方がお見えになっていますので、そのような方面からもどなたかお話いただければと思います。別にそれに限りませんけれども。はい、お願いします。

甲陽園に住んでいる男性　私は見方をちょっと変える必要があると思います。たとえば中国はどんな国か、韓国はどんな国か。日本人があまり平和主義者になりますと、憲法を守る、靖国神社はいかんというあまり平和の方向に向かいますと、中国という国は、これは日本は弱腰になっているのだという意味で、一歩踏み込んでくるのではないか。踏み込むというのは、たとえば、尖閣列島の問題であるとか、中国では戦前、南京事件とかいろいろなことがありましたが、その事件を楯にとって、一歩も二歩も踏み込んでくる。というのは、それをいい材料にして、日本はこういうことをしたんだとそういう悪い面を持ち出してきて、中国に有利に図ろうとする意図があると思うのですね。ですから、憲法９条を守るのもいいのですけれども、あまり武器も持たず何も持たずという弱腰でやると、韓国側、中国側、これはまあアジアで一番問題は中国と韓国だと思います、それを甘やかしてしまって、どんどん日本が追い詰められるような状態になるのはいかがなものか。憲法９条もいいのですけれども、もうちょっと別な観点から、憲法を見てみる、平和問題とか靖国問題とか、別な観点からね。中国と韓国をどうとらえるかということを考えておかないと、憲法9条というのは、この問題はおかしな方向へ進んでいって、しまいには日本を悪くするのではないか、と私はそう思っております。

中国が常任理事国になったときに、日本は反対にまわったのです。賛成にまわらなかったのです。そのときに、あまり反対にまわると、貿易がしにくくなると、そういう声があったのです。ところが、日本は反対に回りましたけれども、中国と日本との経済問題にしましても政治問題にしましても、それは、悪影響は与えなかった。日本が憲法9条を変えても、中国側はだまっていると思いますよ。むしろ、あまり平和、平和というたら、逆に中国問題というのはこじれると思います。毅然とした態度、これが必要ではないでしょうか。ですから、憲法9条というのはね、もうちょっと角度を変えて広い目で見る必要があるのではないかと、そう思っています。

永田　予定した時間が近づいていますが、もうあと今手が上がっている方々にお話しいただいて、その後パネリストに、皆さんの意見を伺って、受け止め方が違うなとか、これを補足したいとかいうことがあろうと思いますので、それを述べていただいて、このシンポジウムを終わりたいと思います。あとお二方、お願いします。

昭和二十九年の卒業生の男性　今日は新聞で見まして参加させていただきました。こういう会をつくられるということは、非常に関学として名誉あることだと思うのですけれども、ちょっと町の声を聞くといわゆる9条の会的なものに、心の中では戦争反対だと思っていてもいろいろ商売をなさっている人とかいろんな人が、自分の商売に影響するとか仕事に影響するとかいいまして、なかなかいわば特定の政党じゃないんですかというような言い方で拒否反応があるわけですね。こういうようなことは今の小泉流のスローガンの政策の中では、護憲勢力というのは本当に大敗しているわけです。従ってこういう組織活動をいかに作り上げるかということの方が、憲法の中身の論議も大切ですけれども、組織作りの困難さについては、私は無防備地域宣言の関係の運動をしておりまして、本当に肌で感じました。そういうような視点で見ますと、この関学の中では卒業生も何十万とおるわけですね、従ってそういう声なき人の声を反映させるということが、これをもっともっと拡大する一つの力になると思います。

それから満州に戦争中におりましたんですけれども、本当にさっきのお話にあるように関東軍というのは真っ先に逃げました。沖縄でもしかりですね。いわば国民を殺していると。だからその、先ほどいろいろ９条のことを論じられていますけれども、これを憲法の中身の議論と結びつける以上に、これに接近しやすいような事柄をいろいろ強調していただきたいなと思っております。

永田　シンポジウムが終わった後、関学９条の会の設立総会を予定しておりますので、会のあり方などについてはそこでまたご議論していただければよいように思います。貴重なご意見ありがとうございました。もうお一方だけでフロアーからの発言は閉めさせていただきます。

市民の男性　９条を守ろうという考え方はみんな一緒です。ただ、方法、経済的なこと、宗教的なこと、人権絡みのことを言って、憲法を守ろうということはみんな一緒ですので、私は、これは大事なことだと思います。三人の先生のお話を聞いて一番同感、賛成できるのは、ファジーな考え方で何が困るのかなということです。宗教の先生は中腰ではふらふらしているからというが、それで別にかまへんのじゃないかと思ったり、誰かが韓国・中国はなんやかやというけど、やはり歴史的背景とか見たら敏感になるのはこれは当然なことだと思う面もありますし、人権を絡めての話も、大変納得いきます。私は、今回の選挙を通じて感じたことは、マスメディアが何故、自民党の作戦に乗ってしまったのかということを感じて仕方がないのです。あの刺客とか、郵政民営化とか、これはそれ一点ばっかり言うだけで、自民党が圧勝したら後、いろいろ、それ増税問題、それ何と、いろいろ出てきたわけですね。大変不安に感じているわけですわ。だから、こういうシンポジウムがあるということで参加させていただいたのです。なんか違う方向に流れていっているんじゃないかなという感じを、肌で感じています。

もう一点だけ。私も戦後の民主主義の教育を受けてきた人間なのですけど、だんだん学生さん、若い人の力が、国を思うとか政治とかそういう方向に興味がなくなってきているのかなと思うのですね。それもひょっとして自民党の作戦なのかなと思ったりもする今日この頃なのですけどもね。と申しますのは、何しても選挙にも行かない、何してもまあええんちやうかないう感じでやっているのは、なにか違うのではないかなと。マスメディアも問題だと思うのですけれども、教育の現場の人がどういうことを教育されているのか。私ら結構、先生方には戦争はどうのこうのという話は聞いてきたつもりです。安保の時もいろいろありました。学生運動も盛んでした。いまの学生さん、なんか上品というか、自分の考えとかは言わないのかなと思いました。

大変三人の先生方の意見は大事だと思いました。もう一点だけよろしいか。私も別にキリスト教の信者でもないのですけどね、よくいうのは正義のため、正義のためということをいわれるのです。ひょっとしてキリスト教もイスラムも、仏教も何も、みんな正義のためにやっているのじゃないかと思うのです。でその人たちが闘うときは、大義名分をつけてやっているのですけど、大義名分とか正義とかいうものは、ころころ変わるものなのかなと、思ったりもするのです。都合のええようにね、為政者がこれは正義だ、正義のための闘いだと。このぐらいで終わりたいと思います。

永田 大変ありがとうございました。それぞれの9条ということで、皆さんいろいろな思いがあって、本当はもっと発言したい方がたくさんおられたでしょうけれども、時間の都合で制限せざるを得ません。

＊　＊　＊

永田 最後に一言ずつ、今日のパネリストの先生方から、感想なり補足なりをしていただきたいと思います。村尾先生からお願いできますか。

村尾 私は関学の東京オフィスにいて、東京にいるのですけれども、先日は土井たか子先生を招いてお話を聞きました。私は、いろんなことで異なる立場にあったとしても、9条を守るというただこの一点で、、、、、、、、、、、、、そろそろ大同団結しなければいけないと思います。他を批判することは楽なんだけれども、他を認め合っていくというのは保守勢力は得意なのですよ。それをわれわれも身につけなくちゃいけないと思います。でもう、そろそろ時間はあまり残されていない。私は、次の総選挙が日本の国の大きなターニングポイントになると思いますから、それまでに清濁併せ呑んで9条を守る会をつくること、それが一つのミッションなのかなというように思います。

辻 最後のご質問の、正義云々ということについてなんですけれども、正義というのは、語りの形として、「裁く」ということが必ずそこに入ってくる。相手を裁くということ、審判するという発想がそこにあると思うのです。それだったらこういう問題は解決しない。キリスト教だから正義を掲げているのだと思ってらっしゃるのなら、それは必ずしも正しくないと思うのですが、口幅ったいようですが、どちらかというと愛ですよね、ここで考えるべきは。キリスト教だったら隣人愛ということを言いますけれども。愛という範疇で物事を捉えてゆくことのほうが重要視されるべきだと思います。正義ということの主張が宗教だという発想ではこの問題は解決しない。それは宗教の一部でしかない。

　この問題を長く論じることはできないのですけれども、村尾先生のお話は非常に、即効性といいますか、すぐに訴える、わかりやすいということを強調されたのだと思います。それに対して、自分の言ったことはもうちょっと長いスパンで物を考えている。それが、キリスト教学を含めた人文系の学問に求められていることだと思うし、そういうことが大学の教育の場にも求められている。長いスパンで物事を考えていく、人間というものを捉えていくという発想が、大学という場にはなければいけない。どちらがいいというのではなくて、両方僕たちは持たないといけないと思います。その両方を9条の会は必要とするんじゃないかと思っています。その意味で、やっぱり一致してこの問題に声を上げてゆくことが必要ではないでしょうか。

徳岡　ここの前に並んでいるのは、多分誰もイデオロギーがない、ただ9条を守るというだけで集まったメンバーだと思うので、そこが関学のすばらしいところだなと思います。僕はこれまでの護憲運動には、じゃあどうするのということがなかったと思うのですね、非武装中立といっても、じゃあどういう風な日本にするのかということがなかった。アメリカ人がごっつい喜んでくれる国際貢献は何か言うたら、ニューオーリンズが水びだしになった洪水、そのときに、日本から国際災害救助隊が五万人やって来てね、ごっつい助けてくれたということになったら、そりゃ今イラクに自衛隊が行っているのの何百倍何万倍も、アメリカの市民は喜んでくれるし、半永久的に忘れないと思うんですよ。日本が一番怖いのは、それはやっぱり、耐震構造問題でうそ書いて建物を建てているのが怖いように、地震でしょ。地震と台風、津波という自然災害が避けられないじゃないですか。戦争以上に。だから、地震と台風に対する災害救助隊が国内にあって、それが二十万人規模いて、インドネシアで津波があったといえば助けに行き、アメリカで洪水が起きたといえば助けに行くというような日本になったらね、もうその災害救助隊はすごく誇りを持って生きていける。世界の中で日本というのはやるなあと、別に軍事的な貢献なんてやっぱりいらんなというふうに思ってくれる。そういう国に、しかも安上がりになれるのではないかと思います。ということで私の話を終えたいと思います。

永田　ありがとうございました。関学らしいシンポジウムができたと思います。いろいろな立場の人が、同じ9条を守るということで議論を闘わせる、そして相互の交流を深める、そういうシンポジウムになったと思います。これも9条がなくなってしまうと、平和・反軍事も特定の色合いを帯びてきて、国家の監視の目が光るということにもなるかもしれませんし、いまの時点で私たちは一致して9条を守るという点でがんばっていかなければいけないのだなということを、司会をやりながらおその思いを強くいたしました。

どうもご協力ありがとうございました。ここでシンポジウムを閉じたいと思います。

憲法改正の壁　——9条はアジアの平和と統合のかなめ

永田秀樹

はじめに

日本国憲法は、一九四六年十一月三日に制定され一九四七年五月三日から施行されました。日本でほんものの立憲主義の政治が始まってから約六十年が経過したということになります。戦後、日本は戦争だけでなくクーデタや独裁政治も経験していませんが、これは他のアジア諸国と比べた場合、またかつての日本の歴史を振り返ってみた場合、驚嘆に値することです。アジアの奇跡といってもいいかもしれません。

さて、この間、一度も憲法の改正が行われていません。『六法』は毎年真新しく改訂されて書店に並びますが、その冒頭の憲法の条文は六十年前のままです。これだけ日本社会が大きく変わったのに憲法だけ変わらなくてもいいのかという疑問が出てくるのは当然のように思えます。「畳と何とかは新しいほどいいということわざもある。新しければ新しいほどいいとも思わないが、そろそろ衣替えしてもいいのではないか、憲法にもくたびれている部分があるのではないか」というわけです。このような声に対しては「良いものはいつまでたっても良い。むしろ古いもので時代とともに輝きを増してくるものもある。9条はまさにそのような価値のあるものだ」という反論がなされます。私も9条に関してはその通りだと思いますが、一般的にいって、憲法の改正が一切許されないとは考えません。

そこで、はじめに9条の問題から少し離れますが、そもそも憲法改正はどうあるべきかということから考えてみたいと思います。

一　憲法は何のために存在するか

憲法とは何のために生まれてきたのでしょうか。憲法も法の仲間ですが、法一般とは違う大きな特徴があります。憲法は、それまで圧政に苦しめられていた人々が立ち上がり、自分たちの主張と立場を権利の形で条文化し、それを法の世界での最高規範として支配者に認めさせた文書です。憲法は、民衆に対して発せられる命令ではなく、下から権力者に向かって投げかけられた命令規範や禁止規範です。法はしばしば人々の行動の自由を奪いますが、憲法は権力者の行動の自由を奪います。憲法は、権力者の手足を縛るために作られたのです。つまり、ベクトルがふつうの法と逆なのです。たとえば憲法は、権力の座にある者が、特定の宗教を国家宗教として保護したり特権を与えたりしようとする行為を禁止したり、人殺しが嫌いで戦争に行きたくないと思っている若者をむりやり戦争に参加させることを禁止したりします。それによって人々の精神の自由や行動の自由を守ろうとします。

憲法の特色を明らかにするために、刑法や行政法と比較してみます。ハムラビ法典の発見によって、刑法は紀元前十八世紀から存在することが分かっています。本当はもっと前からあったかもしれません。行政法も為政者が政治を行うために必要なものですから、ヨーロッパでもアジアでも国家と支配者が生まれた時代からあります。人々を支配するのにむき出しの権力的支配よりも法規範による支配のほうがスマートで効率的ですから。

日本の古代でも支配が確立すると中国の法制度にならって律（刑法）や令（行政法）に基づく政治すなわち律令政治が始まりました。しかし、さまざまな法制度はあっても古代に憲法はありませんでした。聖徳太子の十七条憲法があるだろうという人がいるかもしれませんが、あれは法というよりも道徳だという方が正確です。偉いお坊さんの教えと変わりません。法に分類できるとしてもせいぜい今日いうところの公務員法でしょう。人民の権利を守ってくれる憲法とはいえません。

近代的意味の憲法は近代から始まったかもしれないが、実質的意味の憲法は、古代からあったという人がいます。しかし、それは歴史的事実の問題として間違っているだけでなく、今日につながる憲法の存在意義を理解していないという大きな誤りを犯しています。長い間、各国の政治は憲法なしで行われてきました。法に基づく政治はあっても憲法に基づく政治はありませんでした。それが市民革命の成功によって初めて憲法に基づく政治が行われるようになり、その後は立憲政治でなければ正当な政治とは認められなくなりました。

最近「国のかたち」ということを良く耳にします。「国のかたち」ということであれば古代にもあったかもしれません。しかしそれは憲法規範によって拘束されている「国のかたち」ではありません。一般に流布している大きな誤解に「憲法イコール最高規範」、「最高規範イコール憲法」というものがあります。

憲法は最高規範だというのは正しいですが、最高規範は憲法だというのは正しくありません。ここが理解できないと憲法の存在意義は分かりません。たしかに現代はバチカン市国などの例外的な国を除き、どこの国でも憲法が「国のかたち」を決めていますから、立憲主義は常識になっています。しかし、それは人類の長い歴史の中では新しいことに属するということを知っておく必要があります。安定した立憲政治はどこの国でも難しい課題です。権力者は、独裁政治を正当化するために最高規範としての憲法を利用することさえあります。日本で立憲主義が六十年も続いているのが驚嘆に値するといったのもそういう意味からです。

二　憲法は新しいほどいいか

ここで、「憲法は新しいほどいいか、それとも古いほどいいか」という問題に答えるならばつぎのようになります。憲法が昔に作られてそれがいくつかの修正を受けつつも基本的な部分において、つまり憲法の存在意義に関わる部分において生き残っているのであれば、その国の立憲主義は歴史があり、かつ本物であると評価できます。

アメリカ合衆国の憲法は世界で最も古い憲法です。修正は何度か行われました。たとえば人種差別をなくすための人権規定の追加などです。しかし、本体部分はそのままで、現在まで、新憲法に取って代わられることなく生き延びています。これは立派です。フランスは同じく最も早く憲法を作った国の一つですが革命後、帝政が復活したりして共和制が否定されてしまったときもあります。現在、第五共和制ですが、一七八九年のフランス革命時の人権の部分は生き残っていて、現在のフランス憲法の構成部分であることが前文で確認されています。ここでも、憲法の存在意義に関わる部分は、伝統として受け継がれていることが分かります。このような意味では、古い憲法ほど優れているといえるでしょう。

逆に、政変とともに原則まで含めて憲法もくるくると変わっているというのであれば、不安定な政治が続いていることのあかしになります。戦後も長く独裁が続いた韓国の例などを見れば分かると思います。韓国は戦後九次に及ぶ改憲が行われました。そのたびに国民の自由が拡大してきたかといえばそうはいえません。クーデタや政変による、為政者の権力基盤を強化するための改正がほとんどでした。憲法は権力者の支配の道具にすぎなかったのです。本当の意味で近代的な憲法が作られたのは一九八八年制定の第六共和国憲法です。これが現在まで続いています。この憲法は民衆の運動によって作られたもので韓国の歴史においては画期的な憲法です。これは、おそらく永続するでしょう。

そういうわけで、憲法は新しいほどいいわけではない。次々と新しい憲法が作られる社会は、その国の政治が不安定であり独裁などが発生しやすいことを意味している、民主主義と人権が未成熟の社会である可能性が高い、ということです。

しかし、全然修正されない憲法がいい憲法かと問われればそうではないと答えざるを得ません。憲法の存在意義に沿ったかたちで、その内容をより豊かにするような修正まで否定することは間違っています。では、どのような修正が望ましいのか項をあらためて考えてみましょう。

三　何のために憲法を改正するのか

憲法の意義が国民の自由と平穏な生活を守るために権力を制限することにあるとしたら、その憲法を改正する意義はどこにあるのでしょうか。

その前に予備的知識として少しだけ用語の問題を説明します。よく「改正はいいが改悪はいけない」「創憲ならいい」「加憲はいい」といったりします。憲法改正とは憲法改正手続にしたがって憲法の条文を変更することです。ここで「憲法改正」という言葉を使わず「憲法変更 Verfassungsänderung」だといえば「変更」は良い・悪いの価値判断を含まない中立的な言葉ですから誤解が生じる余地はありません。変更によって良くなることもあるし悪くなることもあります。しかし、「憲法改正」だというと日本語の「改正」は良い方向での変更という意味合いが含まれているので誤解を生むおそれがあります。他の法律でも同じように、条文を変更するのは、どこか不具合が生じたために手直しをするのですから改善・進歩をもたらす場合が多いと考えられます。コンピュータのソフトウェアのバージョンアップなどがその例です。しかし、コンピュータのソフトウェアでもときに新バージョンは機能は増えたけれども思わぬ大きな不具合が発生したり、自分にとってはかえって使いにくくなったりして、旧バージョンに戻すということがあります。単線的な発達と見える技術の進歩でもそういうことが起こります。ジグザグの発展を遂げる社会の進歩の場合はなおさらそうです。憲法の場合、それによって大きな社会変動が生じますから慎重になるのは当然です。言葉の問題といってしまえばそれまでですが、ときに「なぜ改正に反対するのか」「なぜ改革に反対するのか」という乱暴な議論を見かけます。一般的に「改正」が改悪となる危険性の認識を思考回路から排除すべきではありません。

そのことを前提として、憲法改正の目的と必要性について考えてみましょう。すでに述べたように、立憲政治の開始は、明らかに社会の進歩を意味します。権力を制限する手段を手に入れた市民としては、世の中を再び憲法のない時代に逆戻りさせようとは思わないでしょう。しかし、維持するだけでなく、さらに高い水準を市民が要求することもあります。プライバシーや環境の保護などの新しい社会的価値を憲法上の人権として承認することや、人間の尊厳の考えを徹底するために死刑制度を廃止したり、直接民主主義的な制度（国民が直接司法権を行使する裁判員制度など）を導入したりすること、あるいは大学教育まで含めて教育を無償にすることなどが考えられます。もちろん、発展した社会にあわせての高い水準の人権を実現するのに条文改正しか方法がないかといえばそうではなく、既存の条文の柔軟な解釈によって対応する方法もあります。日本国憲法には13条のように懐の深い規定もあります。いわゆる幸福追求権の規定です。その運用次第では、相当程度社会的な変化に対応することも可能です。ついでにいえば、自民党案に盛り込まれている知る権利や環境権は現在の憲法・法律の下で認められているものよりも水準が低く権利性が不明確です。たとえば、「知る権利」に関する規定は「国は、国政上の行為につき、国民に説明する責務を負う」とあるのみで、それについて国民に請求権があるということが書かれていません。憲法での明文化がかえって権利保障の拡大を妨げるかもしれません。そうではなくて、いま、論じているのは本当の意味で人権の水準と範囲の拡大につながるような人権規定の新設についてです。

いったん創られた憲法が全条文にわたって完全無欠の普遍性を誇るならば、一切の変更は認めず、改正のための規定も用意しないのが一番筋が通ります。しかし、それではかたくなにすぎるでしょう。憲法発布の勅語に「不磨の大典」と書かれた明治憲法でさえ、改正規定は用意してありました。将来の発展を考えれば、憲法の大枠は維持しつつも、部分的な修正の余地を残しておく必要があります。そのほうがかえって憲法の寿命を延ばすでしょう。これが、憲法の中に憲法改正規定が設けられていることの意味です。日本国憲法の場合は96条に規定があります。「この憲法の改正は、各議院の総議員の三分の二以上の賛成で、国会が、これを発議し、国民に提案してその承認を経なければならない。この承認には、特別の国民投票又は国会の定める選挙の際行はれる投票において、その過半数の賛成を必要とする。」というものです。

しかしながら、憲法改正という形で憲法変更を認めると、制憲者は将来における憲法改悪の危険性も抱え込むことになります。そこで、安易な改正が行われないように、改正手続はふつうの法律よりも厳格にします。これを硬性憲法といいます。また、あらかじめ、憲法のうちの重要な原則については、将来とも一切変更ができないように「改正禁止規定」を埋め込んでおくのも有効です。現在のドイツやフランスの憲法の改正規定には、人間の尊厳や民主主義の基本的な部分は改正できないことを明文で規定しています。

四　憲法改正に限界はないか

日本国憲法は硬性憲法ですが、この条文は改正してはいけないという改正禁止に関する明文の規定はありません。しかし、学界の通説は、憲法三原則と96条の憲法改正規定は、憲法改正規定によっても改正することはできないという立場を取っています。憲法改正限界説といいます。改正規定がなぜ改正できないかといえば、たとえば硬性憲法が軟性憲法になることは制憲者の基本的な意思に反するからです。ちなみに、言葉が紛らわしいために気がついている人が少ないようですが、自民党の新憲法草案は、国民を憲法改正権の主体ではなく決定後の承認権者としての地位しか与えていません。現在は国会は提案者（発議権者）で、国民が決定するという方式が採用されています。自民党案は制憲者の意思に背くことになります。

改正限界説が通説になったことについては、日本国憲法が制定されたときの憲法改正の限界をめぐる論争の成果が反映しています。少し混み入っていますが現在につながるおもしろい問題ですので、紹介します。

日本国憲法の制定に際しては、形式上「新憲法の制定」ではなく、大日本帝国憲法73条による全面改正という方法がとられました。そのため、中身と形式との間のずれを法的にどう説明すべきかという問題が提起されました。天皇から国民へといった一八〇度の主権原理の転換を旧憲法の改正手続によって行うことができるかという問題です。不可能ならば、日本国憲法は無効だという説も成り立ちます。日本国憲法無効説には占領下の制定を理由にするものもありますが、ここではそのこととは別に、君主主権の憲法から国民主権の憲法へという大転換が「改正手続」の枠内においてなしうるかということが問題になっています。多くの学説は改正限界説を前提としつつも、日本国憲法は有効に成立しているという立場を取りました。その代表的なものが当時、東大教授だった宮沢俊義の提唱した八月革命説です。それは、

①憲法の改正には限界があり、明治憲法の改正手続で制憲者（明治天皇）の意思に反する根本建前を変更するのは、憲法の論理的な自殺を意味し、法律的に不可能である。

②しかし、国民主権主義が八月革命（＝ポツダム宣言受諾）によって成立しているという理由によってのみ違法でない。

③明治憲法73条に基づく改正手続のうち、民定憲法の原理（国民主権主義）に反する部分（枢密院への諮詢、天皇の裁可、貴族院の議決）は、実際上拘束力がない。

これによって日本国憲法は正当かつ有効に成立している、というものでした。

「上諭」というのを知っていますか。六法を開いてみてください。日本国憲法の前文よりさらに前の部分に「朕は、日本国民の総意に基いて、新日本建設の礎が、定まるに至ったことを、深くよろこび、……」という昭和天皇の言葉があります。昭和天皇がこの時点でも主権者であったならば、日本国憲法は

欽定憲法だというおかしなことになりかねませんが、宮沢によれば、この上諭に法的効力はないと言います。天皇はもはや主権者ではなくなったからというのがその理由です。

通常、日本では市民革命は明治維新の時にも、敗戦の時にも起きなかったとされていますが、宮沢は、敗戦によって天皇制権力が崩壊したのだから八月十五日に法的な意味での革命が起きたと考えたのです。

しかし、革命ということになれば、旧憲法と断絶するため、新憲法の法的正当性に確信が持てない人々が出てきます。そのため、改正限界説ではなく、改正無限界説によって新憲法の正当性を肯定する学説も唱えられました。それは「憲法改正権は、憲法制定権と区別されるものではなく同質であり、憲法規範のうちでこれだけは変更してはならないといった原則や規定は存在しないのであって、すべての憲法規定が改正の対象となる」という説です。「法は社会の中で生まれ、社会の変化とともに法内容も限りなく変化する。憲法といえどもその例外ではなく、これを人為的に押しとどめようとすることはもともと無理がある。そのときの主権者（憲法改正権者）が万能であり、そのときの主権者の行動を制憲者といえども拘束することはできない」という考え方です。制憲者が後世の改憲者を拘束できるとなると、原則の変更、廃除は無法と説明しなければならなくなるが、それは法秩序の安定にとって好ましくないというものです。この無限界説によれば人権や共和制といった憲法原理だけでなく、硬性憲法を軟性憲法に変えることも可能になります。

無限界説に対してはいろいろな批判が考えられますが、憲法は政治権力を制限するための規範であるという近代憲法の存在意義や役割を認めていない点に最大の問題があります。無限界説によれば、主権者が君主から国民へと変わる場合だけでなく国民から君主へと逆戻りすることも許されることになります。こうなると、実際は憲法の改正ではなく憲法の廃止すなわち非立憲主義時代への逆戻りを正当化することにもなりかねません。

日本では明治憲法から現在の憲法へという順序をたどったために欽定憲法というのも憲法の一つのあり方だと誤解している人がたくさんいます。しかし、本来の憲法は、明治憲法よりも百年も前に作られた国民主権に基づく憲法です。すでに説明したアメリカやフランスの憲法です。明治憲法は、政治の近代化を嫌った明治政府が上から作った亜流の憲法であるということに注意すべきです。

無限界説の立場に立つと「国のかたちはいろいろあるように憲法にもいろいろある」ということになりますが、現在の限界説の立場に立つと立憲主義に反するような「国のかたち」は認められないということになります。憲法の意義に立ち返って考えれば限界説が正しいといえるでしょう。

五　9条の改正は許されるか

では、つぎに9条の改正は許されるかという問題について考えてみましょう。限界説に立つと、具体的に日本国憲法の規定のうちで何が将来的にも守り続けて行かなければならないものであるかということが問題となります。先にのべたように、日本国憲法には、改正の限界に関する明文規定はありません。しかし、国民主権、基本的人権の尊重、平和主義という憲法の三原則に関わる部分（前文を含む）および憲法改正規定をもって改正の限界とされています。

その解釈の根拠は、つぎのようなものです。国民主権に関しては「……この憲法はかかる原理に基づくものである。われらは、これに反する一切の憲法、法令及び詔勅を排除する」（前文第一段落）が、基本的人権に関しては、「……この憲法が国民に保障する基本的人権は、侵すことのできない永久の権利として、現在及び将来の国民に与へられる。」（11条）が、戦争の放棄に関しては、「……国際紛争を解決する手段としては永久に放棄する」（9条1項）の各条文が挙げられます。これらは将来にわたっても変更は許されないことを制憲者が宣言していると解釈できるからです。

このうち平和主義は、不戦条約（一九二八年）、国連憲章（一九四五年）等を通じて、第二次世界大戦後（二十世紀の後半）に国際的に承認されるようになった原理であり、近代憲法の二原則（人権と国民主権あるいは人権と権力分立）に含まれていない新しい原理です。冷戦後の今日でも残念ながら、すべての国に受け容れられるようになっているとはいえません。たとえばアメリカ合衆国憲法には平和主義に関する規定は存在しません。それどころか、アメリカ合衆国憲法では市民が安全のために武器を保有・携帯することは市民の当然の権利（人権）であるとされています（修正2条）。アメリカの銃社会を支えている規定です。私は、アメリカ市民の安全のためにもそろそろアメリカも銃社会から脱却した方がいいと考えますが、なかなかその方向に向かわないようです。

それはともかく、アメリカの憲法を基準として平和主義は普遍的原理とはいえないとする考え方もないわけではありませんが、第二次世界大戦後に制定された諸国の憲法には平和主義が採用される例が多く見られます。日本国憲法においては、章別の編成を見ても第二原理であるといえるので、これを改正の限界から外すことは適当でありません。

ただし、国際的な普遍性を考慮する場合、平和主義といっても、日本国憲法の非軍事的（非武装）平和主義は、国連憲章の要求する国際水準よりはるかにすすんでおり、その意味で特異なものといえます。9条の通説的解釈（学説）によれば、第1項は、不戦条約、国連憲章と同じく、国策の手段としての戦争や国際紛争解決の手段としての戦争すなわち侵略戦争を放棄するものであるが、自己の防衛のための戦争まで放棄するものでないとされています。これに対して、第2項では、自衛戦争の手段としての武力保持まで放棄しており、この結果、自衛戦争も行うことはできないとされています。そこで、改正の限界を設定する場合に、第1項の部分については改正してはならない普遍的原則だとしつつも、第2項については、改正してもかまわないとする議論も成り立たないわけではありません。この説は、実定法上の根拠として「永久に放棄する」は1項にしか、かからないということを挙げます。しかし、このような解釈は正しくありません。日本国憲法の第二原則たる平和主義（第2章の章題は「戦争の放棄」）は一体のものであり、2項を切り離しては価値がなくなるからです。また、平和主義は9条だけでなく前文においても規定されていますが、そこでの「恒久の平和を念願し」の「恒久の平和」には、9条2項も含まれていると解釈するのが自然ではないでしょうか。

さらに重要なことは、9条に関しては、学界の通説ではなく政府の憲法解釈によって実際の運用が行われていることです。政府の憲法解釈によれば、9条2項は特別の意味を持つものではなく、侵略戦争のための武力行使とそのための軍隊保有を禁止する規定です。このような政府解釈に基づく9条2項を前提とするならば、侵略戦争の禁止だけを絶対的な限界として憲法を守ろうとする学説の立場に立っても、9条2項の削除は侵略戦争の禁止という歯止めを取り払うことを意味しますから、改正権の限界を超えており「違憲の憲法改正」ということになるでしょう。

以上をまとめると、《9条2項は1項とともに制憲者が将来の国民を拘束するものとして打ち立てた原則であり、その改廃は、憲法の改正手続によっても行うことはできない》ということになります。

六　憲法の改正か新憲法の制定か

さて、９条２項の改正を含む今回の自民党案は、形式上「憲法改正」方式ではなく「新憲法の制定」方式をとっています。日本ではこの六十年間、新憲法の制定も部分的な改正も全く行われてこなかったので、賛成論にも反対論にも、この違いを意識していない議論を見かけますが、ここには重大な問題が含まれています。なぜ改正ではなく「新憲法の制定」なのかという問題です。今後、加憲、創憲、各党からさまざまな案が提案されると思いますが、「日本国憲法の改正」なのかそれとも「新憲法の制定」なのかよく注意してみてほしいと思います。

「アメリカの作った押しつけ憲法」を否定し自主憲法を制定することは、自民党の結党以来の悲願ですから、ずいぶん間延びしたけれども自民党の作る憲法は新憲法でなければならぬということなのか、それとも願いむなしく五十年もたってしまったが、明治憲法の寿命も六十年足らずであったし、日本における第二次憲法の寿命も尽きたと考えれば、第三次憲法の制定にふさわしい時期になったと考えているのでしょうか。その割には、自主憲法制定の旗を振り続けてきた中曽根康弘氏も批判するように、前文の理念があいまいで格調も低く、「押しつけ憲法」を受け入れた上で、部分的な手直しをしただけのようにも見えます。

私は、自民党が新憲法制定方式を提案しているのは、改正限界論から浴びせられるであろう批判を封じることができるという理由もあるだろうと思います。つまり、９条改正は憲法の平和原則を否定しているから改正の限界を超えており許されないという批判を免れることができるからです。

しかし、新憲法制定方式にも矛盾があります。現在の憲法が制定された時には、市民革命が起きたかどうかはともかくとして敗戦という政治的な激変があり、旧政権が崩壊したことは事実です。主権者も交代しました。現在は、そのようなことは何もないのになぜ新憲法の制定なのか。国民も小泉「改革」にはついてきても法的には革命を意味する「新憲法の制定」にまでついてくるかどうかは分かりません。天皇から国民へという主権原理の転換は伴わないが、旧国民から新国民へ制憲者の交代があったということになります。「明治憲法」から「昭和憲法」へそして「平成憲法」へということになりますが、国民はそこまでの大変化を望んでいるのか疑問です。そこで、そこのところをあいまいにして、片方で新憲法の制定といいつつ、片方で原則の変更はないかのように宣伝しているのだろうと思います。

「革命」とそれに続く「新憲法の制定」ということになれば現憲法の96条に基づく改正手続は不要です。さらに国民投票法の制定も不要です。旧憲法を全面的に否定してこそ意味がある「新憲法」だからです。それでも現憲法の改正条項に基づく手続が採用されるのであれば、それは便宜上の問題にすぎないということになります。自民党の新憲法草案はそれを予定していますので、ここにも矛盾があります。

憲法96条は国民投票を予定しているのにその手続を定めた法律が存在しないのは立法の不作為であって憲法違反だという主張があります。私も国民投票法が制定されること一般に対して反対ではありません。それは憲法の改正一般に反対でないことと同じ理由からです。これまで、一度も改正の機会がなかったために、そのような法律が作られてこなかっただけのことです。

しかし、いま国民投票法を制定するというのであれば、憲法の存在意義と憲法改正の限界の意義をふまえたものでなければならないと考えます。つまり、日本国憲法の三原則と改正規定の改正は憲法改正の対象とはならないことを法律の中に明記しなければならず、そのような規定を置かない国民投票法は、憲法違反の立法になると考えます。

七　アジア統合のかなめとしての9条

アジア諸国をはじめとする外国が見た場合、「新憲法の制定」はどう見えるでしょうか。六十年間、アジアにあって先進的な民主主義国としてリードしてきた日本が今なぜ「改正」ではなく「新憲法の制定」を行おうとするのか。戦後の民主主義はまやかしだったのか。戦勝国アメリカの圧力のもとで渋々民主主義の看板を掲げていただけなのか。新憲法の採択は、軍国主義の反省と民主主義の標榜は六十年かぶり続けてきた仮面にすぎなかったのだと受け止められるでしょう。私も、日本のこの六十年間の政治の歩みはそんなに立派だったとは思いません。本格的な政権交代がないなど民主主義国としては未熟な面や矛盾を多く抱えながらの歩みだったと思います。危うい場面もたくさんありました。しかし、近代的意味の憲法を捨てることなく曲がりなりにも維持し続けてきたことは確かです。そのことは周辺諸国に誇れることだと思います。

日本と似た境遇で戦後再出発したドイツと比べてみます。ドイツは周辺諸国の信頼を勝ち取るために大変な努力を続けてきました。その努力の一つが立憲主義の確立でした。ドイツの「基本法」は「人間の尊厳」を第1条に掲げていることで有名です。「人間の尊厳」は、自由、平等、博愛とは別の理念ですが、ナチスの時代を経験したドイツであるからこそ生み出された憲法価値であるともいえます。今では、この憲法価値が、ほんものであると近隣のヨーロッパ諸国に認知され、東西統一後も維持されただけでなく、ヨーロッパ憲法の原則の一つに採用されました。すなわち、ヨーロッパ憲法（未発効）は、フランス由来の自由、平等、博愛に加えて、ドイツ由来の「人間の尊厳」を付け加えたのです。このようにしてドイツはヨーロッパ世界において民主主義国のリーダーとしての地位を獲得するに至っています。ドイツは、戦後、数多くの憲法改正を行ってきた国としても有名です。五十一回も改正しています。今後も何度も憲法の改正を行うことが予想されますが、しかし、「人間の尊厳」を軸とした憲法原理を放棄することはないでしょうから「新憲法の制定」はないと思われます。どのような口実にせよ、もしも、ドイツが「新憲法の制定」をいいだせば、ナチスの反省はどこに行ったのだという批判を浴びてたちどころにヨーロッパ諸国の信頼を失うでしょう。

私は、日本の「戦争の放棄」は、アジアとヨーロッパという舞台の違いがあるとはいえ、ドイツの「人間の尊厳」とほとんど同じ位置を占めるものだと思います。それぞれ、民主主義一般とは違う独自の歴史的価値を持っています。それぞれ、加害者として暗い過去をもつ国の生まれ変わったことを示す証文であるだけでなく、地域統合の新しい理念としての意味ももっていると確信します。今後はヨーロッパと同様に、アジアでも地域の統合が重要な課題になってきます。経済格差もひどく、東北アジアの漢字文化圏を除き文化的な共通性も乏しいアジアの未来には悲観的な見方もあります。しかし、アジアの統合はいずれは達成しなければならない課題です。日本が何をもってそこに貢献するかを考えた場合、9条の徹底した平和主義は、戦前の「大東亜共栄圏」や「八紘一宇」と異なり、歓迎されこそすれ敬遠されたり排撃されることはないでしょう。さいわい、現在までのところ日本の非戦の誓いはかろうじて守られてきたと他のアジア諸国からも評価されているのです。

私たちは、戦後六十年の立憲主義の歴史に誇りを持つべきです。憲法の全面改正を繰り返したり、指導者によって「国のかたち」をころころと変える国は、立憲主義の国とはいえません。周りの国からの信頼も得られません。祖父母の世代の悲惨な戦争体験と父母たちの平和への努力の積み重ねによって守られてきた立憲主義と「戦争放棄」の原則を「新憲法の制定」によって、水泡に帰するようなことがあってはなりません。

〈Q&A〉自民党「新憲法草案」を考える

松井幸夫

自民党は二〇〇五年十一月二十二日の党大会で、現在の日本国憲法を「改正」するための「新憲法草案」（以下、「草案」と言います）を決定しました。その特徴や問題点をQ＆Aで考えてみました。

【全体の特徴について】

Q 「草案」は、思ったよりも「穏やか」な「改正」案だったような気がしますが。

A 「草案」では、その作成過程の中で出されていた極端な復古調やナショナリズム過剰の表現は押さえられています。この点で、途上国の憲法や開発独裁型の国々などに見られる偏狭な価値を上から押しつけるような表現はひとまずはとられることなく、普遍的な憲法価値に則った「改正」案のようにも見えます。

しかし、「穏やか」そうな表現の陰で、平和主義や人権保障のあり方の改変、そして国家権力の「手を縛る」という憲法の本来の理念の変更などは、ばっちりと盛り込まれているように思えます。このことをしっかりと見ておくことが大切でしょう。

改憲を主張する人の中には、国民の自由の保障が第一であるという「憲法」というものの考え方が理解できず、また、特定の偏狭な価値を盛り込んで国民をその方向に引っ張るべきだ、との主張も声高に叫ばれていたのに、どうしてこのような「穏やか」そうに見える案がまとめられたのでしょうか。自民党の近代派が復古派を押し切ったこともあるかもしれません。しかし、より大きい理由は、今や国会の圧倒的多数を占めるに至ってはいますが細部において意見が異なる改憲勢力をまとめあげ、さらに国民投票で国民の支持を得るための配慮であることでしょう。改憲のためには国会の各議院で総議員の三分の二の賛成と、国民投票で国民の過半数の支持が必要だからです。

しかし、「草案」の性格はそのための叩き台でしょう。ですから、もっとナショナリスティックな規定を盛り込んで国民を奮い立たせるべきだ、との強面の主張に押されて変更されることになるかもしれません。注意しておく必要があるでしょう。

Q　「草案」が狙っているのは、憲法の「改正」、それとも新憲法の「制定」なのでしょうか。

A　憲法「改正」、あるいは「改憲」という言葉が使われますが、「草案」では、「日本国民は、…ここに新しい憲法を制定する」（前文冒頭）とされています。また、自民党は、一九五五年の結党以来、党の目的として一貫して「自主憲法の制定」を掲げています。

「改正」と「制定」は、時々ごっちゃにされますが、歴史的あるいは理論的には別個のものと考えられ、また、取り扱われてきました。憲法の「制定」は、主権者が憲法制定権力に基づいて過去の法的正統性とは切り離されたところで新しい憲法を作る行為です（典型的には、革命によって国王主権を否定して新しい憲法を作った近代のフランス憲法や、植民地から独立した国々の憲法など）が、憲法の「改正」は、憲法制定権力によって作られた憲法の規定（手続と制限）に従って、改正権者が憲法の枠の中で憲法が定めるルールに従ってその修正を行うものです。そこでは、「改正」の限界が大きな問題となり得ます。

今時の「草案」もそうですが、自民党は、意識的か無意識か分かりませんが（多分前者）、両者の違いを区別せず、時には現行日本国憲法の基本的な価値を否定するような「改正」を主張することもありました。

Q　憲法の理念や目的は権力者の「手を縛る」ことだと言われますが、それはどうなっているのでしょうか。

A　近代憲法の理念は、国民の権利・自由を保障し、そのための政治システムを構築することにあるとされてきました。人類の長い歴史の中でそのような考え方が生まれたのは近代になってからであり、このような考え方を「近代立憲主義」といいます。そして、そのためには国家権力を担う者たちの「手を縛る」ことが最も重要な憲法の目的となり、課題となります。なぜなら、権力は、国民に命令し、義務を課し、極端な場合にはその命を差し出すことすら求めてきたからです。だから、憲法に求められるのは、国民の権利・自由を明らかにして、国家機関にそれを守ることを義務付けることであって、その逆ではありません。

しかし、今の憲法には「権利ばかりが多くて、国民の義務が少なすぎる」等の批判を汲み上げて、

「日本国民は、帰属する国や社会を愛情と責任感と気概をもって自ら支え守る責務を共有」（前文）する等の一般的な「責務」規定が「草案」には導入されています。

Q　**「草案」では、憲法の改正規定も「改正」されることになっています。それでは、その時々の多数者（政権担当者）が、その都合で、いつでも憲法を「改正」できることになるのではないでしょうか。**

A　現在の日本国憲法では、憲法改正には国会各議院の総議員の三分の二の賛成と、国民投票での国民の過半数の支持が必要ですが、「草案」では、これを、各議院の総議員の過半数の賛成と国民投票での国民の過半数の支持に変更しようとしています（96条）。そこでは、国民投票は残されますが、衆議院と参議院の選挙で過半数の議席を得た勢力、すなわちその時々の政権の担当者は、いつでも憲法の「改正」を提起できることになります。

憲法の目的は権力者の手を縛ることにあると言いましたが、これでは、その時々の権力者は、憲法が不都合だと思えばいつでもその「改正」を提起できることになります。この改正規定の「改正」がなされれば、その次以降の「改正」はもっともっと簡単になります。そうすれば、「草案」の「改正」はとりあえずのほんの第一段階で、さらにどんどん「改正」が積み重ねられることになるかもしれません。また、そんなことになると、個人の権利や自由、とりわけ少数者の人権は権力者の都合で危うくなる可能性が大きくなるのではないかと思われます。

【9条と平和主義について】

Q　現在の自衛隊は自衛軍となるそうですが。

A　今回の憲法「改正」の動きの中心が9条にあることは広く指摘されていることです。「9条の会」の目的も、この9条の「改正」に反対することです。

「草案」では、平和主義の理念である「戦争の放棄」を定めた9条の第1項はそのままとし、第2項の「戦力の不保持・交戦権の否認」が削除されることになっています。その上で、「自衛軍」と題された9条の2で新たに4項目が追加されます。その第1項では、「我が国の平和と独立並びに国及び国民の安全を確保するため」に「自衛軍」を保持することが、第3項では、第1項の任務のほか自衛軍は、「国際社会の平和と安全を確保するために国際的に協調して行われる活動及び緊急事態における公の秩序を維持し、又は国民の生命若しくは自由を守るための活動を行うことができる」とされています。

Q　新たに軍事裁判所が設置されるようですが。

A　「自衛軍」が正面から認められることに伴い、軍事を通常の法律問題と別個に取り扱うための「軍事裁判所」の設置が認められることになります（76条3項）。「軍事裁判所」とは、戦前の言葉では「軍法会議」であり、軍隊の規律や戦争の遂行のために必要な事項を一般市民法とは別に取り扱う「軍法」の存在を前提とします。「軍事裁判所」は、最高裁判所の管轄権の下におかれますが、軍事優先の法体系が正面から承認されることになり、そのことによって「軍事警察」（戦前の言葉では「憲兵」）も設置されることになるでしょう。また、軍事裁判所は軍人（自衛隊員）だけの問題ではなく、例えば、表現の自由や知る権利が軍事秘密に関わると主張される場合などにも影響を及ぼす可能性は高く、私たちの自由に関わる問題であることに注意する必要があるでしょう。

Q　平和主義の理念は維持されるというけれど、本当なのでしょうか。

A　このような変更があっても、「草案」は、「戦争の放棄」を定める現在の9条1項は維持するとしていることから、平和主義の理念は基本的には変わらないという主張があります。同項は、「国際紛争を解決する手段として」の戦争の放棄を定めています。しかし、現在の憲法の平和主義は、第2項の「戦力の不保持」等と一体となって意味をもち、それが世界に誇るべき特色となっています。なぜなら、「戦争の放棄」のような規定だけで、戦争をなくすることができなかったことは、歴史が証明しているからです。

戦争放棄規定が最初に憲法に登場したのは、フランス革命後の最初の近代憲法である一七九一年のフランス憲法であると言われています。この憲法は、「征服の目的」の戦争や「人民の自由」に対する武力の行使を初めて禁止しました。その後、このような戦争放棄規定は、いくつかの国々にも広がりました。また、第一次世界大戦後の一九二八年には、「国際紛争解決」のためや「国家の政策の手段」としての戦争の放棄が、日本を含む六十四カ国間の条約として成立しました（パリ不戦条約）。しかし、戦争はなくならず、日本国憲法制定の直接の原因となった第二次世界大戦を迎えることになってしまいました。

第二次世界大戦後制定されたドイツやイタリアなどの憲法が、何らかの意味で戦争の放棄や制限の規定をもっているように、「戦争をしません」（＝戦争放棄）と宣言することは、とくに珍しいことではありません。国際連合憲章も、戦争を原則として違法化したとされています。しかし、今日でも戦争はなくなっていません。

このような歴史の展開と現実を踏まえて日本国憲法を見ると、「戦争の放棄」だけでなく、その手段・方法を含めて平和の確保を定めていること、すなわち9条の第1項と第2項が一体であることが日本国憲法の特徴であり、世界史的な画期性であるといえるでしょう。だから、第1項を残しても、第2項を削除してしまうとすれば、日本国憲法の平和主義は全く別物になってしまいます。それが、いつでも戦争ができるありきたりの国、すなわち、日本も「普通の国」になるべきだと主張する改憲派の人たちの狙いなのでしょう。

日本国憲法の平和主義は、日本が引き起こしたアジア太平洋戦争の反省を踏まえて、アジアと世界に向けての不戦の誓い、非戦の誓いという意味をもっていると思います。戦争への真摯な反省が十分でなく、対米関係だけを重視してきた歴代の日本政府ではありましたが、アジアの近隣諸国との国際関係において、この憲法の平和主義がもってきた意味は大きかったと思われます。今それを転換することが、とくにアジアの中で生きていくべき日本の今後にどのような意味をもつかを考えることも必要でしょう。

Q　**自衛隊の現状は憲法とかけ離れている。だから、憲法を変えても大した変化はないのでは、という意見がありますが。**

A　現行憲法の下でも自衛隊は世界有数の「軍隊」となり、一九九九年の周辺事態法、二〇〇三年の武力攻撃事態法、二〇〇四年の国民保護法などによって、自衛隊の戦争準備体制や米軍との協力関係は格段に強化されてきています。また、自衛隊は、一九九二年以降国連の平和維持活動（ＰＫＯ）への協力として世界各地に派遣され、二〇〇一年のテロ対策特別措置法や二〇〇三年のイラク復興支援特別措置法によって、アフガニスタン周辺やイラクにまで派遣されています。このような現状からすると、憲法9条はすでに完全に「空洞化」しているのだから、憲法を現状に合わせるべきだとの主張があります。そこでは、憲法の「改正」は、自衛隊の現状を追認するだけのことだということになるのでしょう。

9条の現状をどう評価するかについては、いろんな考え方があるでしょう。しかし、ここで確認しておくべきことは、「草案」が狙う平和主義の変更は、現に存在する自衛隊を正式に認知するためだけのものではありません。むしろ、それ以外の所に目的があるといえるでしょう。自衛隊が「合憲」であることは、歴代政府が繰り返してきたことですし、それだけで憲法の平和主義を全面「改正」する必要はないとも言えます。

では、最も大きい目的は何か。それは、9条によってなお足枷《あしかせ》となっている制約を取り除くことにあると言えるでしょう。考えてみてください。イラクに派遣された自衛隊は、同じく派遣されている他の国々の軍隊とは異なって支援復興活動だけを行い、なぜ治安には責任を負わないのでしょうか。紛争地イラクに派遣されながら、なぜ非戦闘地帯だけで活動しなければならないのでしょうか。イラクでもアフガニスタンでも、また、周辺事態法でも、自衛隊はなぜ戦闘行為とは切り離された後方支援（兵站）活動だけしかできないのでしょうか。それは、今でもなお憲法の制約を無視することができないからです。政府の「解釈改憲」の積み重ねによっても、日本の防衛（自衛）から離れた他国の利益や国際の利益を理由とした武力行使、すなわち「集団的自衛権」を憲法は認めていないからです。この制約を取り払い、アメリカと一体となって「国際社会の平和と安全を確保するために国際的に協調して行われる活動」（「草案」9条の2、第3項）を心おきなくできることが最大の目的ではないかと考えられます。

ほかにも9条の下での平和主義によって、日本の法制度や文化が、まだ完全には軍事化していないことも挙げられると思います。改憲がなされれば本格的に軍事を別扱いとする軍事優先の法制度の導入が可能になることは間違いないでしょう。政治文化においても、アメリカのように、ベトナム戦争や湾岸戦争での「軍功」や「武勇」が誉れとなり、それが競われる時代が来ないとはいえないでしょう。

日本国憲法の「平和の砦」の外堀は、既成事実と解釈改憲の積み重ねによってほぼ埋め尽くされてしまったことはそのとおりかもしれません。そして今度は、最後に残った内堀が埋められようとしています。外堀をどのようにして再復活させるかという議論はありますが、今内堀を埋めさせてはならないという点では多くの方々の間での一致が可能なのではないかと思います。

【私たちの自由・人権は】

Q　「新しい人権」を保障するためには、憲法を「改正」しなければならないと主張されていましたが。

A　改憲を推進する人たちは、日本国憲法は古くなった、時代に対応していない、なぜなら、現在の憲法には、現代社会に必要な「知る権利」も「プライバシーの権利」も「環境権」もない、と言っていました。

しかし、これらの人々が、そのような人権の実現にそれほど熱心であったとは、おそらく誰も知らなかったのではないかと思います。また、そのような主張は、憲法「改正」をバラ色に描き、抵抗感を和らげるための手段ではないかと疑った人も多かったのではないかと思います。

「プライバシー」や「知る権利」の「先進国」アメリカにおいても、それらが憲法で直接規定されているわけではありません。アメリカ憲法には、男女平等の規定さえありません。だからといって、アメリカではプライバシーも知る権利も保障されず、女性は悲惨な状況にあるとはいえないことはご存じのとおりです。憲法に規定すればその自由や権利は自動的に強く保障されるわけではありません。逆に、これらの人権は、憲法では直接の規定はないが、憲法上の人権として保障されていることは、日本の最高裁も承認しているところです。とすれば、「新しい人権」規定のないことが改憲の直接の根拠になることはないように思われます。

なお、「草案」では、「個人情報の保護」(19条の2、第1項)はあるものの「知る権利」の保障は外され、国の説明責任が国民の権利としてではなく国の「責務」として規定されただけでした(21条の2)。環境についても、「国の環境保全の責務」が努力義務として規定されているだけです(25条の2)。

このほか「草案」では、「障害の有無」による差別の禁止（14条1項、44条）、「犯罪被害者の権利」（25条の3）、「知的財産権」（29条2項）などが定められることになっています。

Q　人権はちゃんと保障されるのでしょうか。新たなに制約を受けるということはないのでしょうか。

A　「草案」では、権力者の手を縛るのではなく、権力者、すなわち政府が国民に要請ないし強制してその遵守を求める「責務」という考え方が前文などで出てきていることについては、先に述べました（例えば、前文の、「帰属する国や社会を愛情と責任感と気概をもって自ら支え守る責務」）。それが実効的な法的意味をもつとすれば、私たちの自由はかなりの範囲で制約されることになりかねません（例えば、現段階では学校等の教育現場にとどまっていますが、国旗、国歌の強制などを想像してみてください）。このほか、第3章の「国民の権利及び義務」の中にも「責務」規定が追加されています。

また、「草案」は、現在の憲法12条、13条の「公共の福祉」の言葉を、「公益及び公の秩序」に置き換えるとしています（29条も。このほか22条は削除）。その理由は「公共の福祉」概念が曖昧だというところにあるようです。

なるほど、かつて最高裁は、「公共の福祉」を人権の保障をなで切りにする万能策として濫用してきました。死刑を合憲とした判決で、「生命は尊貴である。一人の生命は、全地球よりも重い」と言いながら、続けて、その生命でさえ「公共の福祉」のためには剥奪される、としたような論法で。しかし、そのような論法では、憲法の人権保障は無意味となりかねないという長年の強い批判の中で、「公共の福祉」とは「人権相互の矛盾・衝突を調整するための実質的公平の原理」とする考えが学説の主流となり、それは最高裁にも影響を与えてきています。

「公共の福祉」にはなお曖昧さが残ることは確かです。しかし、その概念は、「市民共和」という政治の最高善を表す崇高な理念に由来すると言われてきました。今これを「公益及び公の秩序」と置き換えることは、個人や市民の自由の理念を押し潰す超越的な概念、すなわち「公共」ではなく、真の「公共」を押し潰す「公」の跋扈（ばっこ）、言い換えれば「公」を独占する政府、権力者の「市民的公共」に対する優位をもたらすのではないかと危惧されます。

「公共の福祉」という言葉は、憲法だけでなくいろんな法律の中でも使われています。例えば、放送法は、「放送を公共の福祉に適合するように規律」するための法律とされています（同法1条）。これが「放送を公益及び公の秩序に適合するように規律」するとされた場合には、放送に対する政府の規制はますます強められるような気がするのですが。

Q　**政教分離の原則が変更されるそうです。政治と宗教はまた結びつくのでしょうか。**

A　「草案」で個別的な人権規定は概ね現在のものが踏襲されますが、大きく変更されるのが「信教の自由」（20条）です。すなわち、「社会的儀礼又は習俗的行為の範囲」内での国（政府）の「宗教教育その他の宗教的活動」は一定の範囲で認められ、宗教団体等への公金の支出もその限度で認められることになります（同条3項、89条1項）。

現在の憲法は、神社神道が国教（＝国の公の宗教）としての位地を占め他の宗教宗派を抑圧し、さらに軍国主義の精神的支柱となった戦前の反省を踏まえて、国やその機関が「いかなる宗教活動もしてはならない」とする厳格な政治と宗教の分離（政教分離）を定めています。

しかし、小泉首相の靖国参拝などに見られるように、この分離を曖昧にして「公の宗教」を事実上作り上げようとする動きが存在してきました。「草案」では、それを憲法規定上認めようとしているようです。この政治と宗教との関係の変更は、人々の心の中の自由の問題につながっていくことにもなるでしょう。

Q　「草案」には、その他どのような特徴があるのでしょうか。

A　人権にも関わる新たな規定として、「草案」は、「政党」条項を提案しています（64条の2）。政党は、国民と国会あるいは政府との間をつなぐ「伝声管」として、現代民主主義に不可欠なものであることは間違いありません。その結成と活動が自由であることは、現在の憲法でも結社の自由、表現の自由として保障されていることにも異論はありません。とすれば、新たに政党について特別の規定をおくことの意味は何かということが問題になります。政党の重要性からこれを特別に定める憲法も増えてきていますが、政党を特別に位置づけて保護する反面、その対象や範囲を限定するなどして規制することにもなりうることを見ておく必要があるでしょう。

このほか、政治システムに関して、首相の地位の明確化（72条）、財政（86条ほか）、地方自治（91条の2以下）などに新しい規定が入っていることに注意を向ける必要があるでしょう。

【憲法「改正」の国民投票について】

Q　憲法の「改正」には国民投票が必要ですよね。そのための国民投票法の作成作業が進んでいると聞きましたが。

A　憲法「改正」の作業が進む中で、「改正」に必要な「国民投票法」を制定しようとする動きが強まってきています。「改正」のためには、国会だけでなく国民投票で「その過半数の賛成」が必要だからです（憲法96条）。今までも憲法「改正」の動きはありましたが、国民投票法の制定が具体的な政治日程に登ってきたのは初めてのことです。この国民投票法の制定が憲法「改正」手続の開始を前提にしていることは明らかですが、今すぐこのような法律を制定することが必要かについては議論があります。

また、その法律の内容によって、憲法「改正」案に対する国民の正確な意思決定が阻害されるおそれも出てきます。例えば、「国民」の範囲をどうするのか――選挙権と同じか、世界の常識に従って、例えば十八歳に引き下げるのか――、国民投票における「過半数」とは何か――有権者の「過半数」か、投票者の「過半数」か、有効投票の「過半数」か――、個別投票か一括投票か――「改正」点についてそれぞれ別個に国民の意思表明を求めるのか、まとめて一括して賛否を問うのか――、国会が「改正」案を発議したあと、国民投票までの周知・熟慮期間をどのくらいにするのか、「改正」案に対する国民・市民の運動の自由と公正をどう確保するのか――選挙並みの厳しい規制を課すことが許されるのか、「改正」提案者である国会の三分の二以上の多数派による上からの宣伝・広報に対して国民間での議論の公平さをどう確保するのか、「改正」によって影響を受ける定住外国人にも運動を認めるのか――、などが問題となるでしょう。その決め方によって、国民投票の正統性とともに、その結果が影響を受けることもあるでしょう。

資料

●日本国憲法（一九四六年十一月三日）

前文

日本国民は、正当に選挙された国会における代表者を通じて行動し、われらとわれらの子孫のために、諸国民との協和による成果と、わが国全土にわたつて自由のもたらす恵沢を確保し、政府の行為によつて再び戦争の惨禍が起ることのないやうにすることを決意し、ここに主権が国民に存することを宣言し、この憲法を確定する。そもそも国政は、国民の厳粛な信託によるものであつて、その権威は国民に由来し、その権力は国民の代表者がこれを行使し、その福利は国民がこれを享受する。これは人類普遍の原理であり、この憲法は、かかる原理に基くものである。われらは、これに反する一切の憲法、法令及び詔勅を排除する。

日本国民は、恒久の平和を念願し、人間相互の関係を支配する崇高な理想を深く自覚するのであつて、平和を愛する諸国民の公正と信義に信頼して、われらの安全と生存を保持しようと決意した。われらは、平和を維持し、専制と隷従、圧迫と偏狭を地上から永遠に除去しようと努めてゐる国際社会において、名誉ある地位を占めたいと思ふ。われらは、全世界の国民が、ひとしく恐怖と欠乏から免かれ、平和のうちに生存する権利を有することを確認する。

われらは、いづれの国家も、自国のことのみに専念して他国を無視してはならないのであつて、政治道徳の法則は、普遍的なものであり、この法則に従ふことは、自国の主権を維持し、他国と対等関係に立たうとする各国の責務であると信ずる。

日本国民は、国家の名誉にかけ、全力をあげてこの崇高な理想と目的を達成することを誓ふ。

第二章　戦争の放棄

第九条　日本国民は、正義と秩序を基調とする国際平和を誠実に希求し、国権の発動たる戦争と、武力による威嚇又は武力の行使は、国際紛争を解決する手段としては、永久にこれを放棄する。

②前項の目的を達するため、陸海空軍その他の戦力は、これを保持しない。国の交戦権は、これを認めない。

●自由民主党「新憲法草案」（二〇〇五年十月二十八日）

前文

日本国民は、自らの意思と決意に基づき、主権者として、ここに新しい憲法を制定する。

象徴天皇制は、これを維持する。また、国民主権と民主主義、自由主義と基本的人権の尊重及び平和主義と国際協調主義の基本原則は、不変の価値として継承する。

日本国民は、帰属する国や社会を愛情と責任感と気概をもって自ら支え守る責務を共有し、自由かつ公正で活力ある社会の発展と国民福祉の充実を図り、教育の振興と文化の創造及び地方自治の発展を重視する。

日本国民は、正義と秩序を基調とする国際平和を誠実に願い、他国とともにその実現のため、協力し合う。国際社会において、価値観の多様性を認めつつ、圧政や人権侵害を根絶させるため、不断の努力を行う。

日本国民は、自然との共生を信条に、自国のみならずかけがえのない地球の環境を守るため、力を尽くす。

第二章　安全保障

（平和主義）

第九条　日本国民は、正義と秩序を基調とする国際平和を誠実に希求し、国権の発動たる戦争と、武力による威嚇又は武力の行使は、国際紛争を解決する手段としては、永久にこれを放棄する。

（自衛軍）

第九条の二　我が国の平和と独立並びに国及び国民の安全を確保するため、内閣総理大臣を最高指揮権者とする自衛軍を保持する。

2 自衛軍は、前項の規定による任務を遂行するための活動を行うにつき、法律の定めるところにより、国会の承認その他の統制に服する。

3 自衛軍は、第一項の規定による任務を遂行するための活動のほか、法律の定めるところにより、国際社会の平和と安全を確保するために国際的に協調して行われる活動及び緊急事態における公の秩序を維持し、又は国民の生命若しくは自由を守るための活動を行うことができる。

4 前二項に定めるもののほか、自衛軍の組織及び統制に関する事項は、法律で定める。

●民主党「憲法提言」（二〇〇五年十月三十一日）

1．民主党の基本的考え

①憲法の根本規範としての平和主義を基調とする

そもそも日本国憲法は、国連憲章とそれに基づく集団安全保障体制を前提としている。そのうえで、日本は、憲法9条を介して、一国による武力の行使を原則禁止した国連憲章の精神に照らし、徹底した平和主義を宣明している。

日本国は、国連の集団安全保障が十分に機能することを願い、その実現のために常に努力することを希求した。そして日本国憲法は、その精神において、「自衛権」の名のもとに武力を無制約に行使した歴史的反省に立ち、その自衛権の行使についても原理的に禁止するに等しい厳格な規定を設けている。

このため、自衛権の行使はもとより、国連が主導する集団安全保障活動への関与のあり方について、不断に強い議論に晒されてきた。しかし、どのような議論を経たにせよ、わが国の憲法が拠って立つ根本規範の重要な柱の一つである「平和主義」については、深く国民生活に根付いており、平和国家日本の形を国民及び海外に表明するものとして今後も引き継ぐべきである。「平和を享受する日本」から「平和を創り出す新しい日本」へ、すなわち「平和創造国家」へと大きく転換していくことが重要である。

②憲法の「空洞化」を許さず、より確かな平和主義の確立に向けて前進する

国際平和の確立と日本の平和主義の実現のために、いま、もっとも危険なことは歯止めのない解釈改憲による憲法の「空洞化」であり、国際社会との積極的な協調のための努力をあいまいにし続ける思想態度である。民主党は、その二つの弊害を繰り替えしてきたこれまでの内閣法制局を中心とする、辻褄合わせの憲法解釈にとらわれることなく、わが国のより確かな平和主義の道を確立し、国際社会にも広く貢献して、世界やアジア諸国から信頼される国づくりをめざす。

多角的かつ自由闊達な憲法論議を通じて、①「自衛権」に関する曖昧かつご都合主義的な憲法解釈を認めず、国際法の枠組みに対応したより厳格な「制約された自衛権」を明確にし、②国際貢献のための枠組みをより確かなもの

とし、時の政府の恣意的な解釈による憲法運用に歯止めをかけて、わが国における憲法の定着に取り組んでいく。

併せて、今日の国際社会が求めている「人間の安全保障」についても、わが国の積極的な役割を明確にしていく。

2．わが国の安全保障に係る憲法上の四原則・二条件

以上の認識の下、いわゆる憲法九条問題について次の「四原則・二条件」を提示する。

（1）わが国の安全保障活動に関する四原則

①戦後日本が培ってきた平和主義の考えに徹する

日本国憲法の「平和主義」は、「主権在民（国民主権）」、「基本的人権の尊重」と並ぶ、法の根本規範である。今後の憲法論議に際しても、この基本精神を土台とし、わが国のことのみならず、国際社会の平和を脅かすものに対して、国連主導の国際活動と協調してこれに対処していく姿勢を貫く。

②国連憲章上の「制約された自衛権」について明確にする

先の戦争が「自衛権」の名の下で遂行されたという反省の上に立って、日本国憲法に「制約された自衛権」を明確にする。すなわち、国連憲章第51条に記された「自衛権」は、国連の集団安全保障活動が作動するまでの間の、緊急避難的な活動に限定されているものである。これは、戦後わが国が培った「専守防衛」の考えに重なるものである。これにより、政府の恣意的解釈による自衛権の行使を抑制し、国際法及び憲法の下の厳格な運用を確立していく。

③国連の集団安全保障活動を明確に位置づける

憲法に何らかの形で、国連が主導する集団安全保障活動への参加を位置づけ、曖昧で恣意的な解釈を排除し、明確な規定を設ける。これにより、国際連合における正統な意志決定に基づく安全保障活動とその他の活動を明確に区分し、後者に対しては日本国民の意志としてこれに参加しないことを明確にする。こうした姿勢に基づき、現状にお

いて国連集団安全保障活動の一環として展開されている国連多国籍軍の活動や国連平和維持活動（ＰＫＯ）への参加を可能にする。それらは、その活動の範囲内においては集団安全保障活動としての武力の行使をも含むものであるが、その関与の程度については日本国が自主的に選択する。

④「民主的統制」（シビリアン・コントロール）の考えを明確にする

集団安全保障活動への参加や自衛権の行使にかかる指揮権の明確化をはかる。同時に、「民主的統制」に関する規定を設けて、緊急時における指揮権の発動手続や国会による承認手続きなど、軍事的組織に関するシビリアン・コントロール機能を確保する。

その従来の考え方は文民統制であったが、今日においては、国民の代表機関である「国会のチェック機能」を確実にすることが基本でなければならない。

（2）わが国において安全保障に係る原則を生かすための二つの条件

①武力の行使については最大限抑制的であること

新たに明記される「自衛権」についても、戦後日本が培ってきた「専守防衛」の考えに徹し、必要最小限の武力の行使にとどめることが基本でなければいけない。また、国連主導の集団安全保障活動への参加においても、武力の行使については強い抑制的姿勢の下に置かれるべきである。そのガイドラインについては、憲法附属法たる安全保障基本法等に明示される。

②憲法附属法として「安全保障基本法（仮称）」を定めること

広く「人間の安全保障」を含めてわが国の安全保障に関する基本姿勢を明らかにするとともに、民主的統制（シビリアン・コントロール）にかかる詳細規定や国連待機部隊等の具体的な組織整備にかかる規定および緊急事態に係る行動原則など、安全保障に関する基本的規範を取り込んだ「基本法」を制定する必要がある。この基本法は憲法附属法としての性格を有するものとして位置づけられる。

「九条の会」アピール

日本国憲法は、いま、大きな試練にさらされています。

ヒロシマ・ナガサキの原爆にいたる残虐な兵器によって、五千万を越える人命を奪った第二次世界大戦。この戦争から、世界の市民は、国際紛争の解決のためであっても、武力を使うことを選択肢にすべきではないという教訓を導きだしました。

侵略戦争をしつづけることで、この戦争に多大な責任を負った日本は、戦争放棄と戦力を持たないことを規定した九条を含む憲法を制定し、こうした世界の市民の意思を実現しようと決心しました。

しかるに憲法制定から半世紀以上を経たいま、九条を中心に日本国憲法を「改正」しようとする動きが、かつてない規模と強さで台頭しています。その意図は、日本を、アメリカに従って「戦争をする国」に変えるところにあります。そのために、集団的自衛権の容認、自衛隊の海外派兵と武力の行使など、憲法上の拘束を実際上破ってきています。また、非核三原則や武器輸出の禁止などの重要施策を無きものにしようとしています。そして、子どもたちを「戦争をする国」を担う者にするために、教育基本法をも変えようとしています。これは、日本国憲法が実現しようとしてきた、武力によらない紛争解決をめざす国の在り方を根本的に転換し、軍事優先の国家へ向かう道を歩むものです。私たちは、この転換を許すことはできません。

アメリカのイラク攻撃と占領の泥沼状態は、紛争の武力による解決が、いかに非現実的であるかを、日々明らかにしています。なにより武力の行使は、その国と地域の民衆の生活と幸福を奪うことでしかありません。一九九〇年代以降の地域紛争への大国による軍事介入も、紛争の有効な解決にはつながりませんでした。だからこそ、東南アジアやヨーロッパ等では、紛争を、外交と話し合いによって解決するための、地域的枠組みを作る努力が強められています。

二〇世紀の教訓をふまえ、二一世紀の進路が問われているいま、あらためて憲法九条を外交の基本にすえることの大切さがはっきりしてきています。相手国が歓迎しない自衛隊の派兵を「国際貢献」などと言うのは、思い上がりでしかありません。

憲法九条に基づき、アジアをはじめとする諸国民との友好と協力関係を発展させ、アメリカとの軍事同盟だけを優先する外交を転換し、世界の歴史の流れに、自主性を発揮して現実的にかかわっていくことが求められています。憲法九条をもつこの国だからこそ、相手国の立場を尊重した、平和的外交と、経済、文化、科学技術などの面からの協力ができるのです。

私たちは、平和を求める世界の市民と手をつなぐために、あらためて憲法九条を激動する世界に輝かせたいと考えます。そのためには、この国の主権者である国民一人ひとりが、九条を持つ日本国憲法を、自分のものとして選び直し、日々行使していくことが必要です。それは、国の未来の在り方に対する、主権者の責任です。日本と世界の平和な未来のために、日本国憲法を守るという一点で手をつなぎ、「改憲」のくわだてを阻むため、一人ひとりができる、あらゆる努力を、いますぐ始めることを訴えます。

二〇〇四年六月十日

井上ひさし（作家）　梅原猛（哲学者）　大江健三郎（作家）
奥平康弘（憲法研究者）　小田実（作家）　加藤周一（評論家）
澤地久枝（作家）　鶴見俊輔（哲学者）　三木睦子（国連婦人会）

※このりぶれっとは、二〇〇五年十二月九日、関西学院大学西宮上ケ原キャンパスにて「関学9条の会」主催により開催されたシンポジウム「それぞれの9条」の記録を補正・加筆したものです。

【著者紹介】

長岡 徹（ながおか・とおる）
関西学院大学法学部教授。

永田秀樹（ながた・ひでき）
関西学院大学大学院司法研究科教授。

松井幸夫（まつい・ゆきお）
関西学院大学大学院司法研究科教授。

K.G. りぶれっと No.13
それぞれの９条

2006年6月10日 初版第一刷発行

著 者 長岡 徹・永田秀樹・松井幸夫
発行者 山本栄一
発行所 関西学院大学出版会
所在地 〒662-0891 兵庫県西宮市上ケ原一番町1-155
電 話 0798-53-5233

印 刷 協和印刷株式会社

Printed in Japan by Kwansei Gakuin University Press
ISBN 4-907654-89-8

http://www.kwansei.ac.jp/press

関西学院大学出版会「K・G・りぶれっと」発刊のことば

大学はいうまでもなく、時代の申し子である。

その意味で、大学が生き生きとした活力をいつももっていてほしいというのは、大学を構成するもの達だけではなく、広く一般社会の願いである。

研究、対話の成果である大学内の知的活動を広く社会に評価の場を求める行為が、社会へのさまざまなメッセージとなり、大学の活力のおおきな源泉になりうると信じている。

遅まきながら関西学院大学出版会を立ち上げたのもその一助になりたいためである。

ここに、広く学院内外に執筆者を求め、講義、ゼミ、実習その他授業全般に関する補助教材、あるいは現代社会の諸問題を新たな切り口から解剖した論評などを、できるだけ平易に、かつさまざまな形式によって提供する場を設けることにした。

一冊、四万字を目安として発信されたものが、読み手を通して〈教え―学ぶ〉活動を活性化させ、社会の問題提起となり、時に読み手から発信者への反応を受けて、書き手が応答するなど、「知」の活性化の場となることを期待している。

多くの方々が相互行為としての「大学」をめざして、この場に参加されることを願っている。

二〇〇〇年　四月